Walter Baumfalk

Ewald Mataré

Walter Baumfalk

Ewald Mataré

Seine Sommeraufenthalte 1920, 1921 und 1922 auf Wangerooge und Spiekeroog:

Der Durchbruch zu Holzschnitt und Plastik

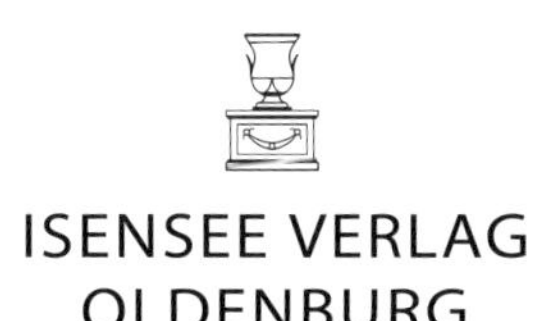

ISENSEE VERLAG
OLDENBURG

Umschlagabbildung: Ewald Mataré, Drei Kühe in den Dünen, 1920, *Wangerooge,* WV H 28

Bibliografische Information der Deutschen Bibliothek
Die Deutsche Bibliothek verzeichnet diese Publikation in der Deutschen Nationalbibliografie; detaillierte bibliografische Daten sind im Internet über <http://dnb.d-nb.de> abrufbar.

ISBN 978-3-7308-2073-5

Gedruckt bei Isensee in Oldenburg

Inhaltsverzeichnis

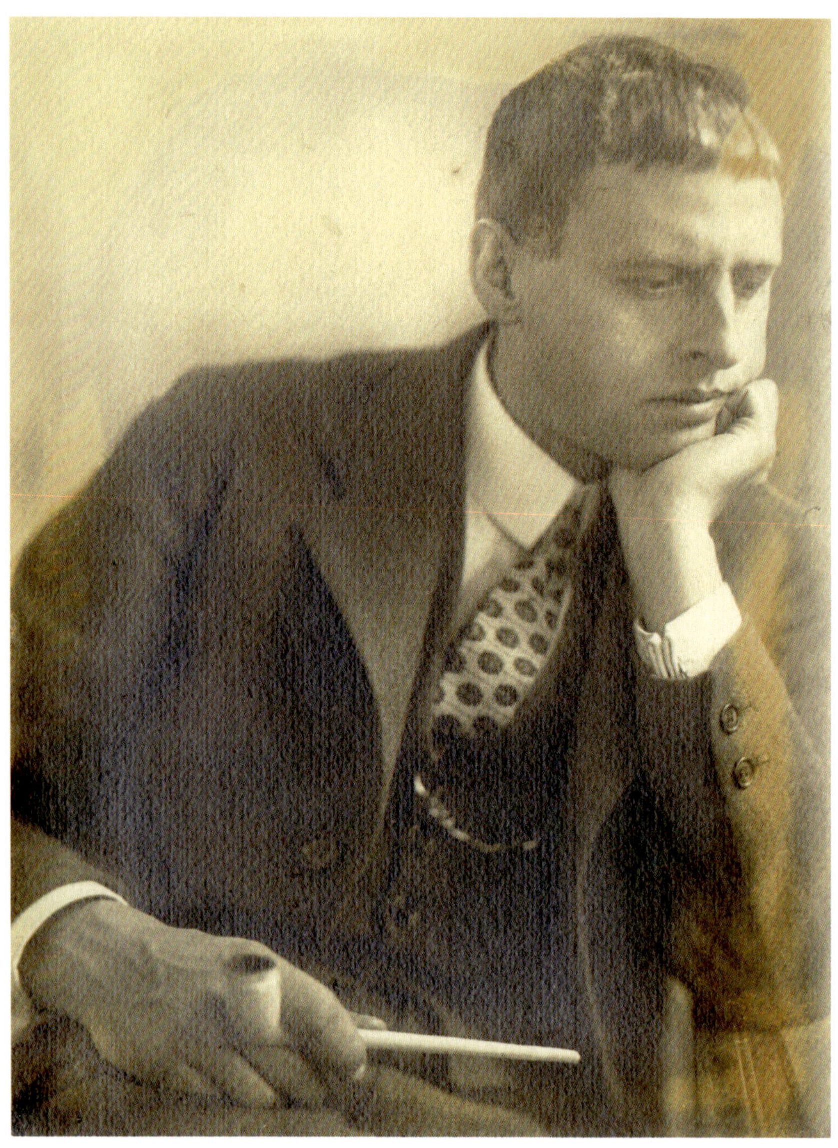

Ewald Mataré. Das Foto ist in der Literatur mit 1913 und 1921 datiert, ist daher jedenfalls in etwa in der hier interessierenden Zeit entstanden.

Vorwort: Das Thema

Ewald Mataré (1887–1965) war einer der bedeutendsten bildenden Künstler in Deutschland im 20. Jahrhundert. Besonders bekannt geworden ist er als Bildhauer und Formgestalter: Von zunächst kleineren Holz- und Bronzefiguren, besonders von Tieren, immer wieder von Kühen – die „Kuh des Mataré" wurde zu einem festen Begriff –, später über vielseitige Werke der angewandten Kunst hin zu monumentalen Formgestaltungen, die ihn weltberühmt gemacht haben: Den Bronzetüren am Südportal des Kölner Doms, dem Portal des Salzburger Doms und den Portalen der Friedenskirche in Hiroshima. Ein zweiter wichtiger Teil seines Werkes war der Holzschnitt.

Begonnen hatte Ewald Mataré seine künstlerische Arbeit 1907 allerdings mit einem Studium der „klassischen Malerei" an der Akademischen Hochschule der bildenden Künste in Berlin, das er bis 1919 fortführte. In dieser Zeit schuf er eine Reihe von Ölgemälden im Stil des wilhelminischen Klassizismus, besonders auch mit „klassischen" Bildgegenständen, wie biblischen und symbolistischen Themen.

Zu Beginn der 1920er Jahre brach Ewald Mataré, als bereits 33-Jähriger, in einem radikalen Schnitt mit dieser Malerei, die bis dahin seine künstlerische Arbeit nahezu völlig ausgefüllt hatte: Er wandte sich zunächst dem Holzschnitt und anschließend der Plastik zu, die dann zum fast ausschließlichen Gegenstand seiner künstlerischen Arbeit wurden. Die klassische Ölmalerei gab er vollständig auf; es entstanden in der Folgezeit, nur mehr gelegentlich, noch einige Aquarelle.

Diese Entwicklung begann 1920 während eines mehrmonatigen Sommeraufenthalts von Ewald Mataré auf der Nordseeinsel Wangerooge, den er dort zusammen mit seinem Malerfreund Georg Làtk verbrachte. Er kam hier mangels Farbe und Leinwand zum Holzschnitt, mit am Strand gefundenen Holzbrettern. Die Sommermonate 1921 verbrachte er erneut an der Nordsee, nun auf der ostfriesischen Nordseeinsel Spiekeroog, wiederum mit Holzschnittarbeiten. Auch im Sommer 1922 war er wieder für mehrere Monate auf Spiekeroog, wo er sich jetzt, da er am Strand kein geeignetes Holz für Holzschnitte fand, der Holzplastik zuwandte, indem er begann, aus gefundenen Holzstücken Figuren herauszuschnitzen.

Dass Ewald Mataré in diesen Jahren und insbesondere bei diesen Sommeraufenthalten auf Wangerooge und Spiekeroog zunächst zum Holzschnitt und dann zur Plastik gekommen ist – also gerade zu den künstlerischen Arbeitstechniken, die ihn später weltbekannt machen sollten –, dass diese Zeit jedenfalls für seine künstlerische Entwicklung und sein Werk ganz entscheidend war, ist in der Kunstgeschichte natürlich bekannt und vielfach erörtert. Ewald Mataré hat in seinen Tagebüchern ausführlich darüber berichtet, sodass daher zu dieser Entwicklung authentische Äußerungen von ihm selbst vorliegen

Die Ausführungen in der kunsthistorischen Literatur befassen sich aber praktisch nur mit der generellen Darstellung des radikalen Bruches von Ewald Mataré mit seiner Malerei und der Zuwendung zu Holzschnitt und Plastik, weniger mit einer zu diesem Bruch führenden Entwicklung – also der Vorgeschichte, die natürlich dem Umbruch vorausgegangen ist, „dem Weg dorthin"– und fast überhaupt nicht mit den tatsächlichen Gegebenheiten, Umständen und Vorgängen des Umbruchs, insbesondere nicht mit den konkreten Einzelheiten dieser offensichtlich so bedeutsamen und folgereichen Sommeraufenthalte an der Nordsee. Auch Ewald Mataré ist darauf in seinen Tagebüchern kaum eingegangen.

Eine solche – bisher fehlende – möglichst konkrete Darstellung dieser tatsächlichen Geschehensabläufe soll hier versucht werden.

Eine eingehende Darstellung der Entwicklung der künstlerischen Arbeit von Ewald Mataré ist dagegen nicht beabsichtigt, dies wäre dem Autor, der kein Kunsthistoriker ist, auch nicht möglich. Insoweit wird auf die kunsthistorische Literatur verwiesen, die umfangreich vorliegt.

Nähere Feststellungen zu diesen Vorgängen sind allerdings heute kaum noch möglich. Konkrete Ermittlungsversuche auf Wangerooge und Spiekeroog halfen überhaupt nicht weiter; von den Sommeraufenthalten von Ewald Mataré ist auf diesen Inseln nichts bekannt.[1] Zeitzeugen sind naturgemäß nicht mehr vorhanden, die Vorgänge liegen ja inzwischen über einhundert Jahre zurück.[2] So bleibt im Wesentlichen nur, die vorhandene Literatur, insbesondere natürlich die Tagebücher von Ewald Mataré, auszuwerten, um so wenigstens die bekannten Umstände zusammenzustellen und so zu einem möglichst umfassenden und schlüssigen Gesamtbild zu kommen.[3]

Das Vorhaben bleibt nach Ansicht des Autors gleichwohl sinnvoll, um die in Ostfriesland kaum bekannte Bedeutung der Sommeraufenthalte von Ewald Mataré 1920, 1921 und 1922 auf Wangerooge und Spiekeroog für seine künstlerische Entwicklung aus der Vergangenheit herauszuholen und so die „ostfriesische Kunstgeschichte" um eine interessante Nuance zu ergänzen.

Matarés Weg zum „klassischen Maler“

Ewald (Wilhelm Hubert) Mataré wird am 25. Februar 1887 in Aachen-Burtscheid geboren. In Burtscheid verbringt er auch seine Kindheit und Jugendzeit, in einer großbürgerlichen, wirtschaftlich sicher gut situierten Familie: Sein Vater, Franz Joseph Mataré (1851–1922), ist einer der drei Direktoren der Chemischen Rhenania-Werke in Aachen; seine Mutter, Elisabeth geb. Dohlen (1853–1939), stammt aus einer Architekten- und Bauunternehmerfamilie aus Burtscheid.

Er besucht zunächst das Staatliche Kaiser Wilhelm Gymnasium in Aachen und wechselt 1902 an das Städtische Realgymnasium Aachen, das er 1906 mit dem Abschluss der Obertertia verlässt.

Seine Schulzeit verläuft – das zeigen schon diese Daten – wohl wenig erfolgreich, er ist offensichtlich „zur schulischen Leistung wenig aufgeschlossen“.[4] Es zeigen sich aber bereits deutlich seine künstlerischen Interessen und Fähigkeiten – so gibt es ein eindrucksvolles Aquarell eines Interieurs, das er als Achtjähriger gemalt hat[5] –, die von seinen Eltern, besonders von seiner kunstsinnigen Mutter, die selbst auch künstlerisch tätig ist, sehr gefördert werden. So erhält er während der Schulzeit künstlerischen Privatunterricht bei dem Aachener Maler Eugen Klinckenberg (Klinkenberg), Lehrer an der Städtischen Kunstgewerbeschule Aachen, und bei Karl Krauß, Professor für „Modellieren und Bossieren“ an der Technischen Hochschule Aachen, der ihn entsprechend in der künstlerischen Gestaltung von festen und weicheren Materialien unterwiesen haben wird. Gerade diese künstlerische Gestaltung von Materialien hat Ewald Mataré wohl besonders interessiert, denn er hat – wie er sich später erinnert[6] – bereits in seiner Kindheit gerne mit Holz gearbeitet, geschnitzt, gesägt, gehobelt und gezimmert, in einer kleinen für ihn unter dem Dach seines Elternhauses eingerichteten Schreinerei. Seine Mutter hatte ihm, als er etwa zehn-, zwölfjährig war, zu Weihnachten eine Hobelbank geschenkt, sicher auf seinen Wunsch hin, die er sein ganzes Leben lang benutzt hat. Dieser so schon in seiner Kindheit und Jugendzeit begründete und sichtbar gewordene „Hang zu handwerklicher Tätigkeit“[7], gerade zum Werken mit Holz, wird sicher auch einer der Gründe für seine spätere Hinwendung weg von der Malerei und hin zu Holzschnitt und Holzplastik sein.

Ewald Mataré möchte nach Verlassen des Gymnasiums Künstler werden.

Seine Eltern fördern ihn auch insoweit.

Sein älterer Bruder Josef, 1880 geboren, bereitet sich ebenfalls auf den Beruf als bildender Künstler vor. Er hat 1903 an der Akademie der bildenden Künste in München ein Studium als Bildhauer begonnen.[8] und studiert inzwischen Malerei an der Königlichen Akademischen Hochschule für die bildenden Künste in Berlin. Er wird später ein in der Region um Aachen angesehener Maler sein.[9]

Ewald Mataré beginnt sein Kunststudium zum Wintersemester 1907/1908 an derselben Kunstakademie.[10]

Er wird diesem Studium außerordentlich lange nachgehen, mehr als zwölf Jahre; bis 1920 ist er an der Hochschule eingeschrieben.[11]

Dass er sich für Berlin als Studienort und für die Königliche Akademische Hochschule entscheidet, wird einmal darauf beruhen, dass hier sein Bruder Josef noch studiert; seine Eltern werden ihn sicherlich auch leichter nach Berlin ziehen lassen, wenn sie ihn in der Nähe – und auch in einer gewissen „Obhut" – des älteren Bruders wissen. In Berlin lebt aber auch sein guter, einige Jahre älterer Freund aus der Aachener Zeit Karl Schmitz, der in Berlin Architektur studiert hatte und jetzt seine ersten Berufsjahre in Berlin verbringt; später wird er dann wieder nach Aachen zurückkehren[12] Ewald Mataré ist so in Berlin nicht völlig allein und auf sich gestellt. Und natürlich: Berlin ist als Hauptstadt des Kaiserreichs eine Metropole, auch eine Kunstmetropole, die vielfache künstlerische Eindrücke und Anregungen verspricht.

Berlin wird viele Jahre, auch über seine Studienzeit hinaus, sein Lebensmittelpunkt bleiben. Erst 1932, nach seiner Ernennung zum Professor an der Kunstakademie Düsseldorf, zieht er mit seiner Familie nach Büderich bei Düsseldorf, wo er dann bis zu seinem Tod im Jahr 1965 lebt.

Er genießt sicherlich – zunächst jedenfalls – das Leben in der Stadt, das Studium, den Kontakt zu Freunden und Mitstudierenden, die vielfachen Anregungen. Zunehmend verbringt er aber auch teils kürzere, oft aber auch monatelange Arbeitsaufenthalte außerhalb Berlins – in den Sommermonaten vorwiegend an der See –, schon während seiner Studienzeit, besonders in deren letzten Jahren.[13] Er trennt sich dazu, auch in den späteren Jahren, immer wieder von seiner Familie, die er zwar einerseits sehr liebt, die ihn aber auch bei seiner Arbeit stört. Er benötigt und sucht für seine Arbeit die Ruhe und auch das Alleinsein[14]– worunter er dann aber auch wieder leidet –, er hasst die Stadt, den Trubel, die vielfältigen Ablenkungen, auch durch die Anforderungen des täglichen Lebens. Er führt ein recht unstetes Leben, seine Tagebücher sind auch Reisetagebücher – erst nach dem Umzug nach Büderich wird sein Leben ruhiger.

Ewald Mataré absolviert an der Hochschule das normale Studium. Er durchläuft – nach den Studenten-, Teilnehmer- und Anwesenheitslisten der Hochschule – im Laufe der Jahre die üblichen Klassen, so u.a. die Zeichenklasse (Antiken- und Figurenzeichnen) bei Professor Julius Ehrentraut, die Anatomie- und die Stillebenklasse, die Antikenklasse, auch die Klasse für Aktzeichnen und den Maleraktsaal, die Kompositionsklasse bei Professor Raffael Schuster-Woldan.[15] Von 1913/1914 an – also nach einer Studiendauer von etwa sechs Jahren – erhält er die Gelegenheit, im Schüler-Atelier zu arbeiten, was ihm eine selbstständigere Arbeit gestattet.[16] Ab dem 1. Oktober 1916 ist er Meisterschüler des Historienmalers Professor Arthur von Kampf. Diese Stellung als Meisterschüler ermöglicht Ewald Mataré eine noch selbstständigere, praktisch eine völlig freie Arbeit an der Hochschule.[17]

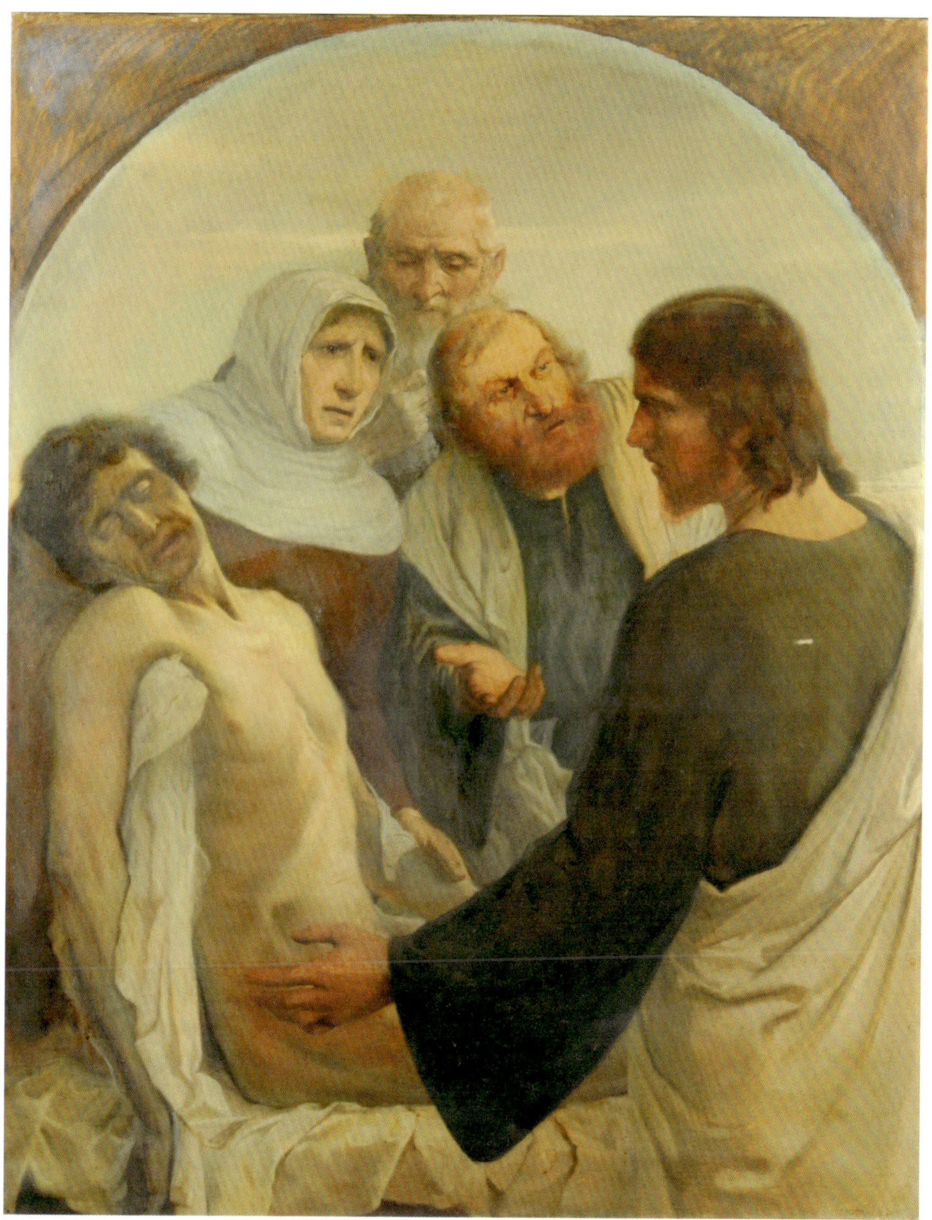

Ewald Mataré, Die Auferweckung des Jünglings von Naim, Öl auf Leinwand, 167 x 110 cm, 1913

In allen Unterlagen und Listen der Hochschule ist Ewald Mataré mit der Bezeichnung „M“ (Maler) aufgeführt, nicht auch mit „B“ (Bildhauer). Obwohl die Hochschule auch eine Ausbildung zum Bildhauer anbietet, studiert er offensichtlich ausschließlich Malerei; er befasst sich nicht mit Bildhauerei und belegt auch keine Lehrveranstaltungen für Bildhauerei.[18]

Die Ausbildung an der Königlichen Akademischen Hochschule für die bildenden Künste ist – auch noch zu der Zeit, an der Ewald Mataré an ihr studiert – auf den Klassizismus des Kaiserreichs ausgerichtet. Die Hochschule lebt im Geist und Stil des Wilhelminismus, der besonders von dem Leiter der Hochschule, Anton von Werner, vertreten und durchgesetzt wird.[19] Der Lehrkörper ist ausgesprochen konservativ,[20] auch nationalistisch eingestellt[21] und hält an den überkommenen künstlerischen Vorstellungen fest, gestützt besonders auch durch das ausgeprägt konservative Kunstverständnis des Kaisers. Die modernen Kunstströmungen, die seit dem Ende des 19. Jahrhunderts allenthalben entstehen, werden abgelehnt und geradezu bekämpft, ganz besonders der Expressionismus und selbst der schon weit früher entstandene Impressionismus, was alles zu heftigen Auseinandersetzungen in der Berliner Kunstszene führt.

Ewald Mataré betreibt das Studium in Berlin sicher sehr ernsthaft[22], er verbringt in dieser Zeit die Sommermonate aber – wie schon erwähnt – oft schon zu Malaufenthalten außerhalb der Stadt.

Neben den üblichen Übungsaufgaben und -arbeiten – wie Zeichnungen, Öl- und Aquarellskizzen, anatomischen Studien – befasst er sich intensiv mit Ölmalerei, auf die er sein Studium letztlich ausrichtet. Der Malstil, um den er sich bemüht, entspricht zunächst sicher den in der Hochschule vertretenen Vorstellungen einer „klassischen Malerei“, dem akademischen Stil der Hochschule, und wird auch so gewertet; er wird in der Hochschule 1914 mit der Silbernen Medaille ausgezeichnet. Während seines gesamten Studiums befasst er sich dementsprechend auch mit den „klassischen“ Gegenständen, so mit Porträts, insbesondere mit biblischen und religiösen Themen,[23] in zum Teil großformatigen Tafelbildern. Er tut sich oft schwer mit seinen Arbeiten, er kämpft regelrecht über lange Zeit mit ihnen; an einem sechsteiligen Altarbild arbeitet er mehrere Jahre.

Im Laufe des Studiums wird Ewald Mataré in seiner Darstellung zunehmend freier; seine Arbeiten zeigen deutliche expressionistische Ansätze,[24] er gerät so auch in Widerspruch zur dort noch immer herrschenden Kunstauffassung.[25] Er löst sich vom Stil der Hochschule, entfernt sich von ihr auch räumlich: Die Arbeit in und vor der Natur wird für ihn offensichtlich bedeutsamer[26] – deshalb wohl auch die zunehmenden Aufenthalte außerhalb Berlins, oft an Küsten –, er entflieht so oft der Arbeit an seinen Bildthemen im Atelier in der Hochschule.

Die letzte Eintragung von Ewald Mataré in den Registern der Hochschule stammt aus dem Studienjahr 1919/1920[27]: Damit ist seine akademische Ausbildung auch formal beendet. Er ist jetzt dreiunddreißig Jahre alt.

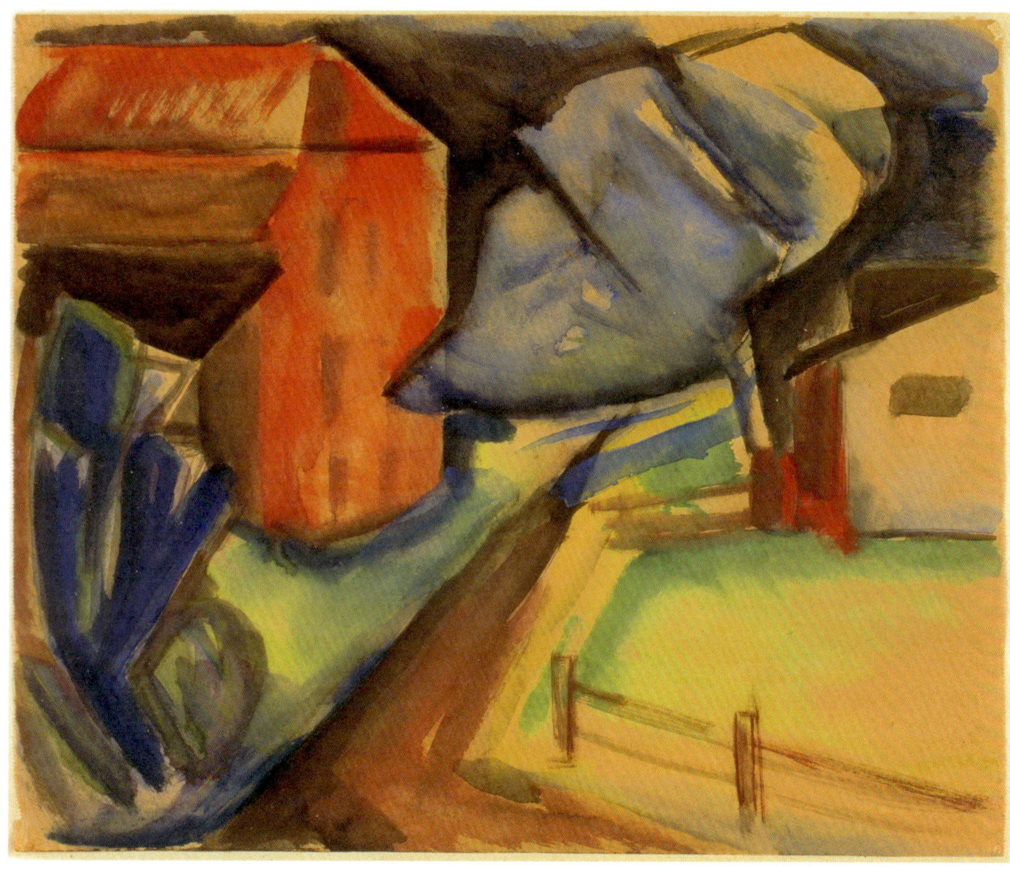

Ewald Mataré, *Landschaft mit rotem Weg, Aquarell, Deckfarbe, Kreide, 1915–1919*, WV A 1915-5

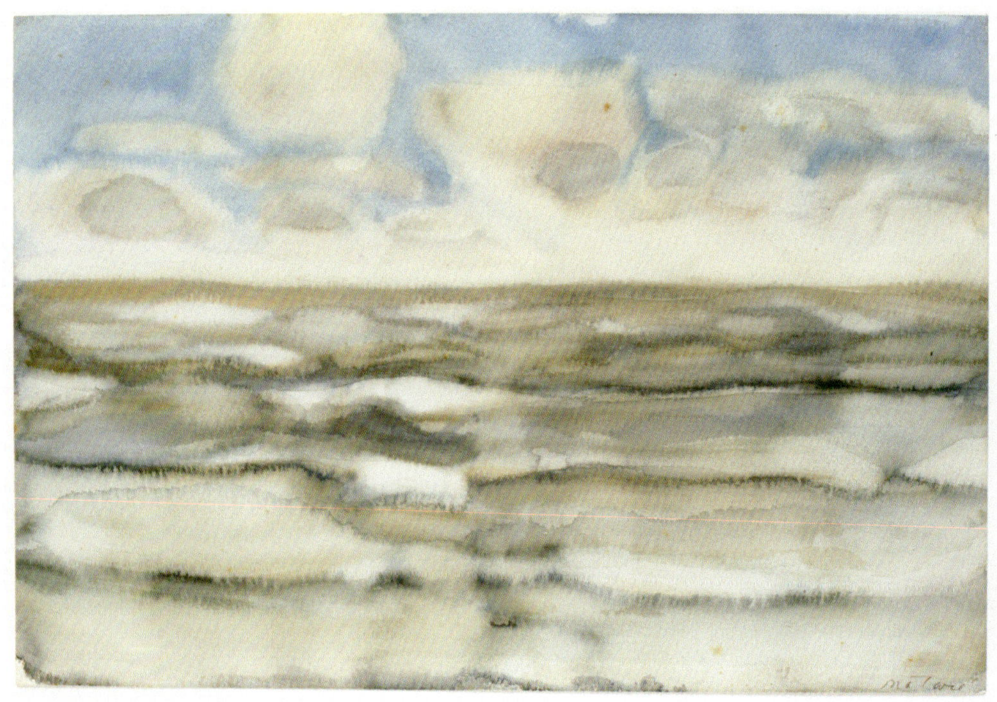

Ewald Mataré, Nordsee, Aquarell, 1920–1925, WV A 1930–31

Abwendung von der Ölmalerei

Als Ewald Mataré 1920 die Hochschule verlässt, ist er nicht ein bloßer „Kunststudent nach abgeschlossenem Studium", sondern ein – und zwar schon seit Jahren – „fertiger", man könnte auch auf Grund seines Alters sagen: „gestandener Maler", wie seine in den letzten Jahren seiner Arbeit an der Hochschule entstandenen Gemälde auch eindrucksvoll ausweisen. Er hatte schon seit längerem keine eigentlichen Lehrveranstaltungen mehr besucht,[28] sondern als Meisterschüler völlig selbstständig gearbeitet, praktischerweise und sicher auch kostengünstig in einem von der Hochschule gestellten Atelier;[29] als „Student" im eigentlichen Sinne wird er sich wohl schon längst auch selber nicht mehr verstanden haben.

Er ist auch bereits – zunächst noch neben seiner Arbeit als Maler in der Hochschule – in einem, wenn auch noch erst geringem Umfang künstlerisch erwerbsmäßig tätig, mit Auftragsarbeiten, die er dringend zu seinem Lebensunterhalt benötigt.[30]

Ewald Mataré leidet unter ständigem Geldmangel. Er stammt zwar aus einer Familie, die durchaus begütert war. Die Vermögensverhältnisse der Familie haben sich aber in der Folge des Ersten Weltkrieges, der schwierigen Nachkriegsverhältnisse und auch durch die schon 1918 einsetzende Inflation sicher dramatisch verschlechtert, das Vermögen wird – wie in weiten Kreisen der Bevölkerung – nahezu weitgehend verlorengegangen sein. Der Vater, Jahrgang 1851, ist nicht mehr berufstätig. 1918/1919 wird er dement, er leidet an Arterienverkalkung und vegetiert im Dämmerzustand dahin, er wird daher entsprechende, sicher auch kostenaufwendige Pflege benötigen; 1922, nach einigen Jahren der Demenz, stirbt er.[31] Klagen, Sorgen und Probleme wegen fehlender, knapper und auch unregelmäßig eingehender Geldmittel ziehen sich durch das Leben von Ewald Mataré, wie viele Einträge in seinen Tagebüchern zeigen. Erst nach Ende des Zweiten Weltkriegs, als die „große Zeit" von Ewald Mataré beginnt und auch der wirtschaftliche Erfolg einsetzt, wird sich dies ändern. Jetzt, im Jahre 1920 lebt er jedenfalls oft „von der Hand in den Mund", er hält sich mit den wenigen Auftragsarbeiten nur „kümmerlich über Wasser".[32]

In diesem Jahr, in dem er die Hochschule verlässt, kommt Ewald Mataré zum Holzschnitt. Die bis dahin von ihm praktisch ausschließlich betriebene Ölmalerei gibt er – langsam auslaufend – auf. Er wird dann nicht mehr zu ihr zurückkehren.

Der Anlass für diesen radikalen Bruch seiner künstlerischen Ausrichtung erscheint zufällig, die Wende zum Holzschnitt spontan, unvermittelt, fast „wie aus heiterem Himmel", und dies wird oft auch so gesehen.[33]

Ewald Mataré verbringt den Sommer 1920 auf der Nordseeinsel Wangerooge. Er ist praktisch mittellos, Leinwand und teure Farben zum Malen sind für ihn unerschwinglich. Er findet aber am Strand angeschwemmtes Holz, das sich zum Holzschnitt eignet, und er beginnt sogleich zu schnitzen: Die ersten Holzschnitte entstehen, zum Teil wegen des Mangels an Farbe gedruckt mit Teer. Den ganzen Sommer über arbeitet Ewald Mataré auf Wangerooge an Holzschnitten, über einhundert werden es.[34]

Aber aus heiterem Himmel kommt diese Wende in der künstlerischen Arbeit von Ewald Mataré nicht, sie ist das Ergebnis einer längeren Entwicklung. Die Umstände des Aufenthalts sind nur der äußere Anlass, der bis dahin wohl nur noch fehlende „letzte Auslöser".[35]

Ewald Mataré hatte – wie schon ausgeführt – bereits auf der Hochschule begonnen, sich von ihrem künstlerischen Stil zu lösen; Tendenzen zum Expressionismus sind deutlich geworden, er veränderte seinen malerischen Stil.

Er zweifelt aber – verzweifelt geradezu – auch an der Malerei als solcher. Er hat Probleme der Darstellungsform, für die er in der Malerei keine Lösung finden kann, so sehr er sich auch darum bemüht: Die perspektivische Darstellung, besonders bei der für ihn immer bedeutsamer werdenden Malerei in der Natur, vor der Landschaft – es gelingt ihm nicht, die Räumlichkeit so darzustellen, wie er sie sieht. Mit seinen Gedanken und Versuchen kommt er nicht weiter: Er befindet sich in einer „kreativen Sackgasse", er sieht in der Malerei keine Entwicklungsmöglichkeiten für seine Probleme und Vorstellungen. Er ringt um die Form,[36] findet aber keine Lösung.[37]

Er selbst hat dies später so formuliert:[38] „Ich habe den Holzschnitt zu einer Zeit begonnen, als ich verzweifelt als Maler weder ein noch aus wusste. Vor der Landschaft stand ich mit meiner Staffelei und meiner Leinwand und wusste nicht hin und her, weil mich etwas quälte, und das war der Begriff der Räumlichkeit, der in der Landschaft war. Da war ein Haus vorne und da war ein Weg und dahinten war wieder ein Haus und daneben war ein Baum, ja, sollte ich das nun in die Fläche der Landschaft bringen oder sollte ich diesen Raum malend vortäuschen, der da vor mir lag."[39]

Es kann für ihn daher so wie bisher jedenfalls nicht weitergehen, und da kann der Holzschnitt, der sich ihm auf Wangerooge aufgrund der Umstände anbietet, die Lösung sein – insoweit können die „Bretter am Strand von Wangerooge" dann doch einen unmittelbaren „Anstoß" zum Holzschnitt bedeutet haben, aber zu einer Entwicklung, die eben schon länger vorher begonnen hatte.

Denn zu dieser Entwicklung, insbesondere auch zu den Zweifeln von Ewald Mataré an seiner Malerei, werden noch weitere Umstände beigetragen haben, die ihn schon längere Zeit belastet und beeinflusst haben werden.

Mit dem Ende des Ersten Weltkriegs, der Abdankung des Kaisers und dem Untergang des Wilhelminismus, dem Niedergang des Bürgertums und der Entstehung eines Großstadtproletariats in den Nachkriegsjahren, finden gewaltige Umbrüche in der Gesellschaft statt, die besonders drastisch gerade in Berlin deutlich werden und die auch das Kunstleben nachhaltig erschüttern und grundsätzlich verändern. Dies betrifft natürlich auch Ewald Mataré: Der Malerei, mit der er sich auf der Hochschule lange Jahre beschäftigt hatte, ist die Grundlage entzogen worden, sie gilt nicht mehr.

Die modernen Kunstströmungen kommen jetzt stärker zur Geltung. Ewald Mataré hatte sich durchaus schon während seiner Zeit auf der Hochschule mit ihnen befasst, Ausstellungen besucht[40] und sich mit Arbeiten verschiedener moderner Künstler auseinandergesetzt, sicher auch Bekanntschaften mit Künstlern gepflegt, die moderne Stilrichtungen vertreten.

So hatte er auch, etwa zwischen 1912 und 1914, für einige Monate einen näheren Kontakt zu Lovis Corinth (1858–1925), der zu den bedeutendsten Vertretern des „deutschen Impressionismus" zählt, dessen Werk in seinen späteren Jahren – also gerade in der Zeit, in der dieser Kontakt bestanden hat – aber auch deutliche expressionistische Einflüsse aufweist. Diese Beziehung wird oft als „Unterricht bei Corinth" dargestellt.[41] Es handelt sich aber wohl nur um eine eher lockere Beziehung[42] neben dem Studium an der Hochschule, das Ewald Mataré nach den Unterlagen der Hochschule immer durchgängig betrieben hat.[43]

Kurz nach dem Kriegsende, noch 1918, bildet sich in Berlin die „Novembergruppe", eine Vereinigung von engagierten Vertretern der modernen Kunstrichtungen, besonders von Expressionisten, auch Kubisten und Futuristen, die der politischen „Novemberrevolution" eine Revolution auch auf dem Gebiet der Kunst zur Seite stellen wollen und eine Erneuerung suchen – eine Gruppe um Max Pechstein, die schnell zahlreiche Mitglieder umfasst.[44] Ewald Mataré beteiligt sich schon bald an der Novembergruppe; er nimmt bereits im Februar 1919 an einer Versammlung der Gruppe teil, später auch an ihren Ausstellungen.[45]

Die mit diesen Kontakten verbundene größere Nähe zu den modernen Kunstströmungen wird die Zweifel an seiner bisherigen Malerei noch verstärken. Durch in der Gruppe auch vertretene moderne Architekten kommt er mit den Ideen des 1919 in Weimar gegründeten „Bauhauses" in Berührung. Die im Bauhaus praktizierte Verknüpfung von künstlerischer Vorstellung und handwerklicher Ausführung, die Arbeit unmittelbar am Material, sprechen ihn besonders an,[46] in der Malerei fehlt ihm dies.

Dies also ist der Zustand, in dem sich Ewald Mataré befindet, als er im Sommer 1920 nach Wangerooge kommt: Er verzweifelt an seiner bisher betriebenen akademischen Malerei. Er braucht und sucht neue Wege, und den neuen Weg findet er dann auf Wangerooge im Holzschnitt.

Der Kunsthistoriker Hanns Theodor Flemming, der Ewald Mataré persönlich gekannt hat[47] und mit ihm über diese Situation gesprochen haben wird, fasst dies so zusammen: „Mehrere Ereignisse trugen zu der entscheidenden Richtungsänderung bei. Mataré geriet in den Kreis der revolutionären Künstler und wurde bald Mitglied der ‚Novembergruppe'. Weder in diesem Kreis noch draußen vor der Natur konnte er mit dem bisher in der Akademie Gelernten etwas anfangen. Vierzehn mühevolle Studienjahre schienen ihm vergebens."[48]

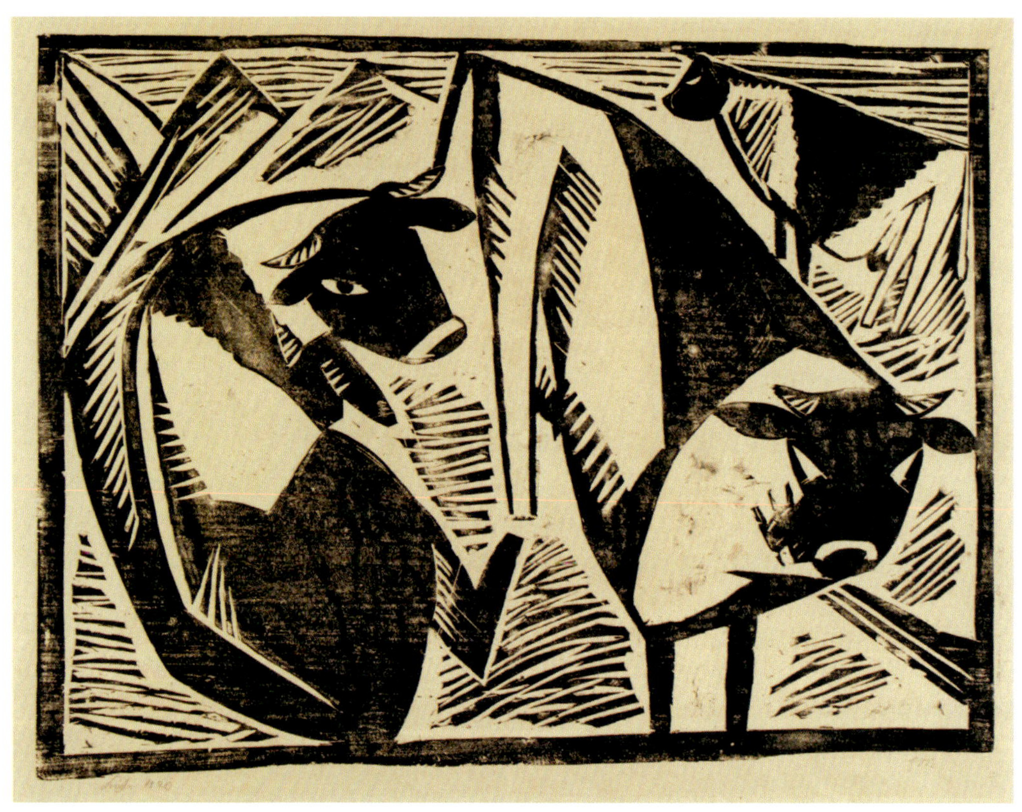

Ewald Mataré, Drei Kühe in den Dünen, 1920, Wangerooge, WV H 28

Der Sommer 1920 auf Wangerooge: zum Holzschnitt

Ewald Mataré kommt etwa Anfang Juni 1920 auf Wangerooge an, er wird bis Mitte September 1920 dort bleiben.[49]

Es ist wohl sein erster Besuch, jedenfalls sein erster längerer Aufenthalt an der Nordsee.

Er liebt die See, zeitlebens. So notiert er 1923 in seinem Tagebuch: „... immer, wenn ich wie dieses Frühjahr überlege wohin, so kann ich mir keine Gegend denken, wo ich nicht den Eindruck des Meeres hätte. Nun bin ich auch schon über 7 Jahre ständig den Sommer am Meer, und das wird wohl seine inneren Gründe haben."[50] Und noch 1953 äußert er seine „Sehnsucht nach Meer und Dünen in Verbindung mit meiner Heimat, letzter Wunsch, eine friesische Insel mit Dünen, Meer und Kühen auf der Weide. Ob ich es noch einmal in alter Stärke genießen werde, und dort arbeiten?"[51]

Ewald Mataré verbringt den Sommer auf Wangerooge zusammen mit seinem Studienfreund Georg Làtk.

Ewald Mataré und der gleichaltrige Georg Làtk haben sich während ihres Studiums an der Königlichen Akademischen Hochschule in Berlin kennengelernt.[52] Sie pflegen eine intensive lebenslange Freundschaft; sie unternehmen zahlreiche gemeinsame Reisen, verbringen viel Zeit miteinander. Ewald Mataré wird Georg Làtk später als seinen einzigen wirklichen Freund bezeichnen,[53] dem er – wie er ihm schreibt – „so viel, so ungeheuer viel an meiner Entwicklung verdanke, an einer Entwicklung, die ohne dich gar nicht zu denken wäre ..."[54]

Über Georg Làtk ist nur wenig bekannt. Er ist am 5. Januar 1887 in Söllichau, heute Bad Schmiedeberg geboren.[55] Für 1910 ist er als Student an der Akademie der bildenden Künste München eingeschrieben.[56] Seine Vorfahren dürften, dem Namen nach zu urteilen, tschechischer Abstammung gewesen sein; Ewald Mataré erwähnt jedenfalls sein „slawisches Temperament."[57] Gestorben ist er 1937 in Davos.

Als Maler oder auch als Bildhauer war Georg Làtk wohl wenig erfolgreich. Die Berlinische Galerie besitzt zwei Aquarelle von ihm[58]; weitere Arbeiten sind – jedenfalls für Deutschland – nicht zu ermitteln.

Der Aufenthalt auf Wangerooge beruht – wie berichtet wird[59] – auf einer Einladung des Düsseldorfer Architekten und Kunstsammlers Hans Franzius, der wohl durch Badeaufenthalte die Insel kannte. Inwieweit es sich dabei um eine echte „Einladung" gehandelt hat, kann allerdings zweifelhaft sein, denn Ewald Mataré und Georg Làtk schlagen sich auf der Insel wohl nur recht mühsam durch, wie die Umstände ihres Aufenthalts zeigen. Es war wohl eher nur ein Hinweis von Franzius an Ewald Mataré, der schon zu dieser Zeit die Sommer an der See zu verbringen pflegt, auf diese Insel, mehr ein Tipp, vielleicht auch verbunden mit einer gewissen finanziellen Förderung, etwa

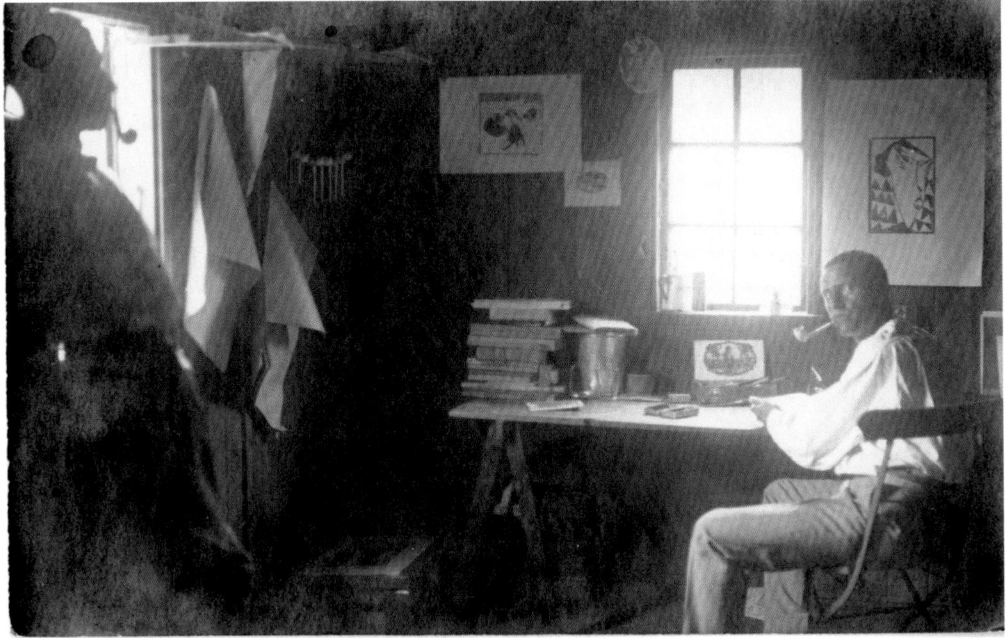

Ewald Mataré mit Georg Làtk, Wangerooge 1920

der Übernahme der Reisekosten. Seit wann Ewald Mataré Hans Franzius kennt, lässt sich nicht feststellen.[60]

Ewald Mataré und Georg Làtk wohnen auf Wangerooge „in einer alten Militär-Holzbaracke, die verlassen in den Dünen an der Nordspitze der Insel" steht.[61] Mit dieser Ortsbeschreibung wird die Westspitze, das Westende von Wangerooge, gemeint sein, denn eine „Nordspitze" hat die Insel nicht. Es wird sich daher bei dieser Baracke um die an der Westspitze stehende Bootskanonenbaracke aus dem Ersten Weltkrieg gehandelt haben, die zu dieser Zeit leer steht.[62]

Die Holzbaracke steht abgeschieden für sich in den Dünen, nahe am Strand, das Dorf ist einige Kilometer entfernt: Ein guter Ort zur Arbeit für Ewald Mataré, der ja – wie er in seinen Tagebüchern häufiger anmerkt – die Einsamkeit braucht und sucht, um konzentriert arbeiten zu können,[63] und auch die Nähe zur Natur, die ihn zur Ruhe kommen lässt.

Ganz ohne weitere persönliche Kontakte ist Ewald Mataré auf Wangerooge nicht. Auf der Insel ist zeitweise auch Hans Franzius, der ihn mit Dr. Eduard Senff bekannt macht, einem Fabrikanten aus Düsseldorf, der ihm zum Freund und Förderer wird.[64] Er macht auch die Bekanntschaft mit Dr. Scholz, einem Rechtsanwalt aus Hamburg.[65]

Und er begegnet hier auf Wangerooge Hanna Hasenbäumer, seiner zukünftigen Ehefrau.

Die Initiative zu ihrer Begegnung geht dabei – wie später die Tochter Sonja aus Erzählungen ihrer Mutter berichtet – von Hanna Hasenbäumer aus: „... meine Mutter war als junge Frau aus ihrem Dorf bei Hagen nach Berlin gezogen, wo sie bei ihrem Bruder auf der Postverwaltung eine kleine Anstellung bekam. Ihre erste Sommerreise führte sie nach Wangerooge, wie so mancher Künstler damals. Am Westende der Insel stand eine alte Militärbaracke; dort lebten zwei ‚wilde Maler', wie man Mutter erzählte. Einen hatte sie dann wohl ins Auge gefasst und reichte ihm eines Tages einen frisch gepflückten Blumenstrauß durch das Fenster – das war der Beginn einer großen Liebe."[66]

Hanna Hasenbäumer ist am 4. Februar 1891 in Bocholt geboren.[67] Sie wohnt zur Zeit – im Sommer 1920 – in Dortmund.[68] Sie nimmt Gesangsunterricht, vermutlich neben einer Berufstätigkeit. Dass Hanna Hasenbäumer bei ihrer Begegnung mit Ewald Mataré Gesangsschülerin ist, erklärt wohl die Formulierung „wie so mancher Künstler damals" in dem angeführten Bericht von Sonja Mataré; allerdings lebt sie zu der Zeit noch nicht in Berlin.[69]

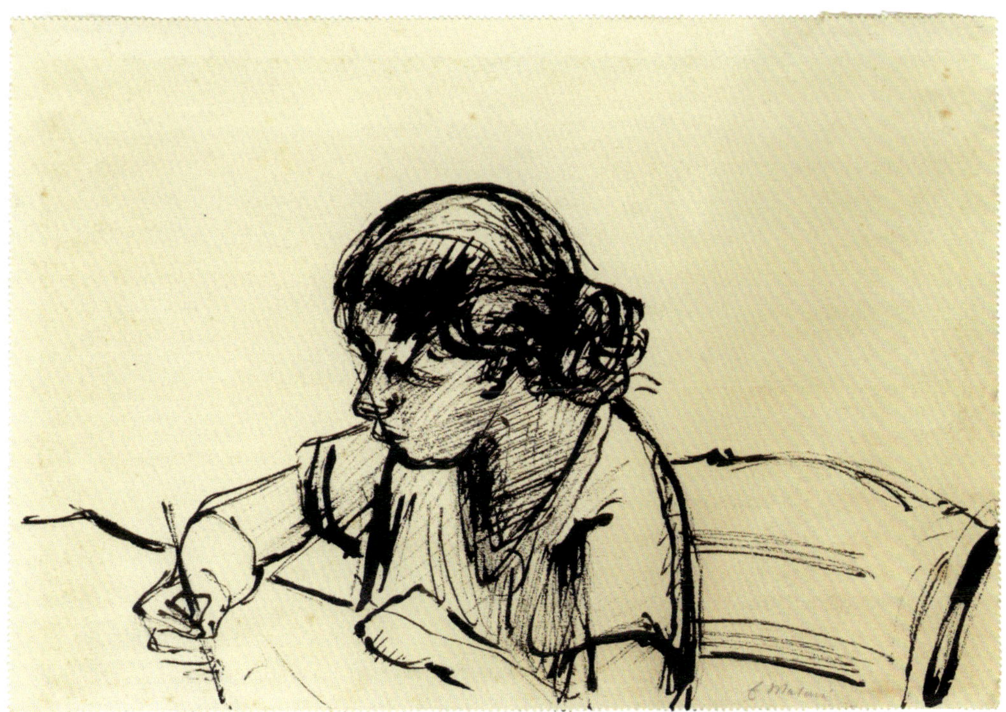

Ewald Mataré, Schreibende, Hanna Hasenbäumer, Tuschezeichnung, 1920, Wangerooge, WV Z 54

Auf Wangerooge will Ewald Mataré in erster Linie arbeiten. Zum Malen kommt er aber nicht.

Zwar hat er die Malerei, so wie er sich mit ihr bisher ausschließlich befasst hat – an der er so sehr leidet, mit der nicht weiterkommt –, durchaus noch nicht aufgegeben: Sein großes Gemälde „Drei Frauen und der Tote“ hat er erst vor kurzem fertiggestellt, er bezeichnet es als „sein wohl reifstes Bild“.[70] Er malt einige weitere Bilder, die sich im Stil deutlich von seiner bisherigen Malerei unterscheiden.[71] 1921 beginnt er mit dem Gemälde „Totenklage“ („drei schwebende klagende Frauen“) und arbeitet intensiv daran, dabei mit sich selbst sehr zufrieden.[72] Erst 1922/1923 löst er sich endgültig von der Malerei.[73] Er wird in seinen Tagebüchern zwar immer wieder anmerken, dass er auch wieder in Öl malen möchte, zugleich aber auch, dass er „noch nicht so weit“ und dazu auch „wohl noch nicht reif“ sei,[74] die Ölmalerei aber nicht wieder aufnehmen.[75]

Zu malen scheidet hier auf Wangerooge aber aus einem einfachen, trivialen Grund aus: Er hat weder Leinwand noch Farbe, er kann sich diese teuren, für die Malerei unerlässlichen Materialien nicht leisten, sie sind für ihn „unerschwinglich“.[76] Beim Gang am Strand sieht er angeschwemmtes Treibholz; die Holzstücke faszinieren ihn, und ihm kommt der „rettende Gedanke“: Mit dem Holz zu arbeiten und es mit Holzschnitt zu versuchen.[77]

Ewald Mataré „kann“ Holzschnitt.

Dass er sich schon vor dem Aufenthalt auf Wangerooge ernsthaft künstlerisch mit Holzschnitt versucht hat, lässt sich allerdings nicht – jedenfalls nicht sicher – feststellen. Bekannt sind aber zwei frühere, wohl 1918 entstandene Radierungen, die die ersten druckgrafischen Arbeiten von Ewald Mataré sein werden.[78] Nach Auffassung des Kunsthistorikers Heinz Peters sind auch die ersten drei Holzschnitte seines Werkverzeichnisses bereits in Berlin, also vor dem Aufenthalt auf Wangerooge, entstanden;[79] für den überhaupt ersten bekannten Holzschnitt, ein Selbstporträt[80], scheint dies wohl auch die Kunsthistorikerin Sabine Maja Schilling anzunehmen.[81] Sonja Mataré geht dagegen in ihrem Werkverzeichnis davon aus, dass das Selbstporträt 1920 auf Wangerooge entstanden ist, der zweite der von Peters genannte Schnitte wohl auch, der dritte überhaupt erst viel später.[82]

Natürlich aber ist Ewald Mataré durchaus bereits mit dem Holzschnitt und seiner Technik vertraut, als er auf Wangerooge mit dem Holzschnitt beginnt: Schon durch seine intensive Beschäftigung mit dem Expressionismus und durch seine Kontakte zur Expressionismus-Szene in Berlin, besonders zu den Expressionisten der „Novembergruppe“; gerade für den Expressionismus der damaligen Zeit ist der Holzschnitt von eminenter Bedeutung, viele Expressionisten haben mit ihm gearbeitet. Er wird auch schon während seines Studiums an der Hochschule mit dem Holzschnitt zumindest in Berührung gekommen sein, auch wenn sich das aus dem Ablauf seines Studiums nicht unmittelbar ergibt;[83] zu den jedenfalls ganz allgemein auf der Hochschule vorgestellten technischen Grundformen der bildenden Kunst wird auch der Holzschnitt

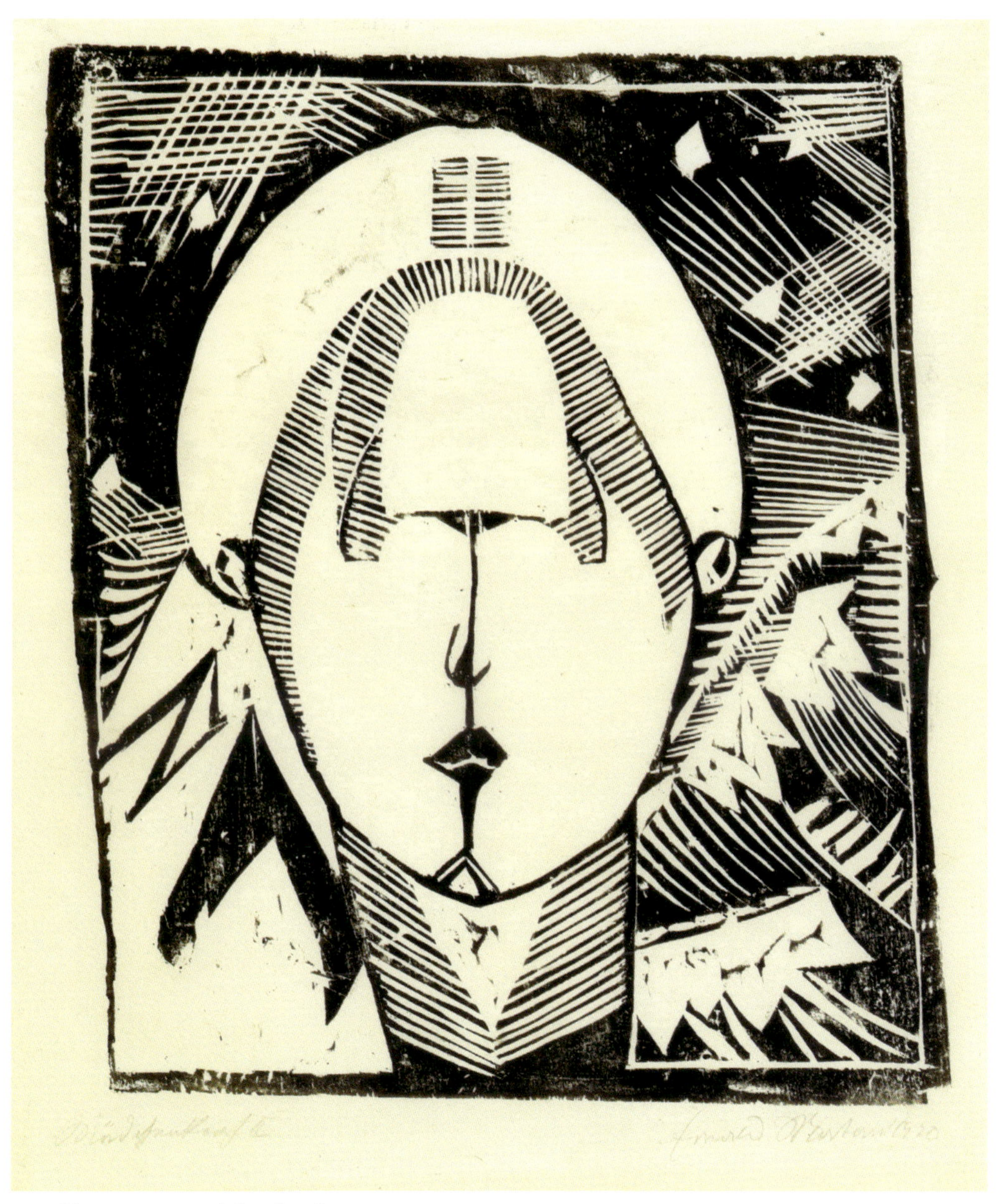

Ewald Mataré, Mädchenkopf II, 1920, Wangerooge, WV H 11

gezählt haben, auch wenn der Holzschnitt an der Königlichen Akademie wohl kein eigenes Lehrfach war.[84] Spätestens bei seinen Kontakten zu Lovis Corinth wird er nähere Eindrücke von der Technik des Holzschnitts erhalten haben. Ein „echter" Autodidakt ist er insoweit sicher nicht: Er kann jedenfalls sofort, ohne weitere Vorbereitung, mit dem Holzschnitt beginnen.

Er arbeitet offensichtlich „wie im Rausch",[85] ausschließlich mit seinem neuen Medium;[86] die für ihn neue Arbeit am Holz, unmittelbar mit dem Material, fasziniert ihn[87]: Es entstehen – wie schon ausgeführt – in diesen wenigen Monaten auf Wangerooge über einhundert Holzschnitte.[88]

Als Werkzeug benutzt Ewald Mataré ein einfaches Messer, ein Küchenmesser oder ähnliches, ein Messer, mit dem er in das Holz einschneiden kann – er hatte sicherlich noch keine speziellen Messer, er war auf Holzschnitte ja nicht eingerichtet. Üblicherweise wird beim Holzschnitt das Bildmotiv spiegelverkehrt in die Druckplatte eingeschnitten; er macht das jedenfalls nicht bei allen seiner ersten Schnitte, wie die spiegelverkehrte Jahreszahl „1920" auf einem Selbstporträt[89] und auf einigen weiteren Blättern[90] ausweist. Ob dies bewusst so geschehen ist, wie Guido de Werd annimmt,[91] ist wohl kaum anzunehmen – vielleicht denkt Ewald Mataré in seinem Arbeits„rausch" nicht immer daran, spiegelverkehrt zu arbeiten, oder er muss sich daran erst daran ge-

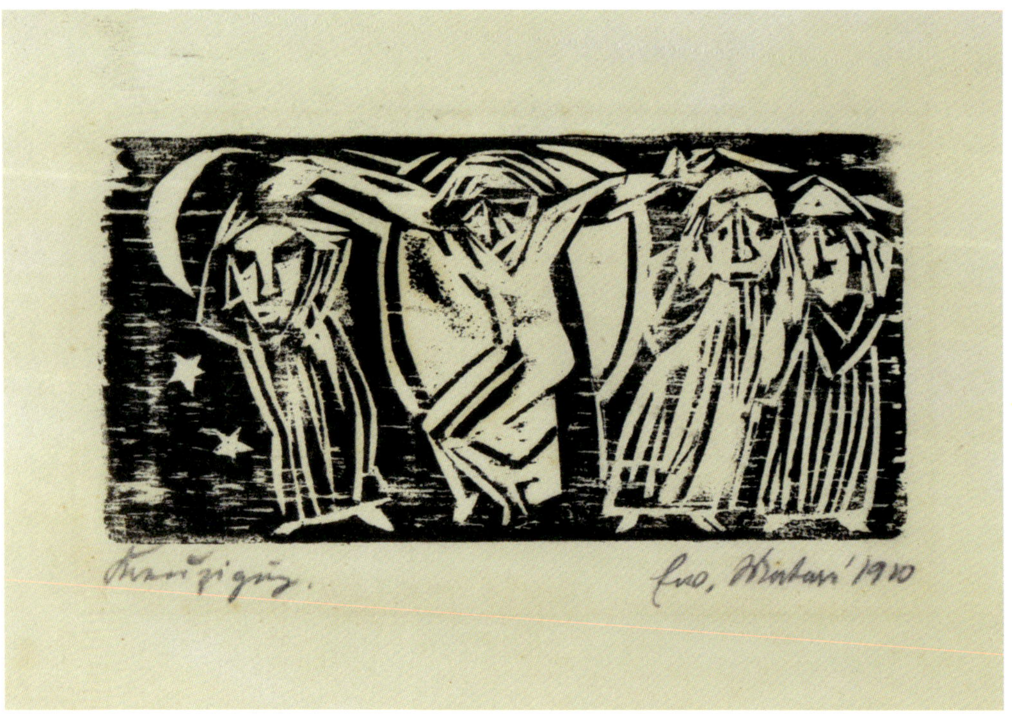

Ewald Mataré, Kreuzigung, 1920, Wangerooge, WV H 57

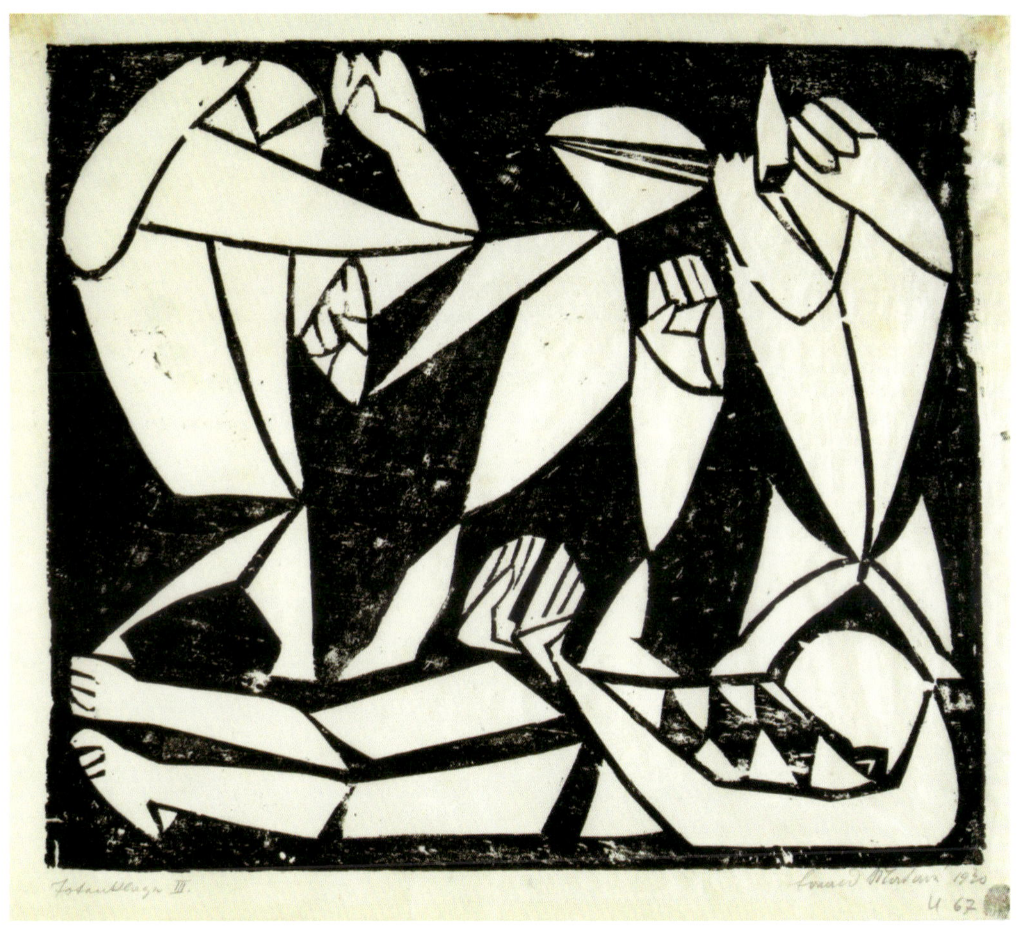

Ewald Mataré, Totenklage III, 1920, Wangerooge, WV H 62

wöhnen, die Technik ist ihm ja noch nicht geläufig, vielleicht ist doch noch ein gewisser Lernprozess notwendig. Er verwendet die Holzstücke so, wie er sie vorfindet; er bezieht die natürlichen Strukturen, Fehlstellen und Maserungen des Holzes in seine Schnitte ein,[92] so wie dies bei den Holzschnitten der Expressionisten ja auch weitgehend der Fall ist. Er färbt die Druckstöcke mit Druckerschwärze oder Aquarellfarbe ein; soweit er dies nicht zur Hand hat, verwendet er auch Teer, als „eine spontane, aus der Not ... geborene Sonderlösung".[93] Er macht die Abzüge mit der Hand, eine Druckpresse steht ihm ja nicht zur Verfügung. Den verwendeten Druckstöcken misst er – auch zunächst noch in den folgenden Jahren – keine große Bedeutung bei, er lässt sie oft in den Quartieren seiner Sommeraufenthalte einfach liegen,[94] und so wird es dann wohl auch jetzt auf Wangerooge sein.

Die ersten Holzschnitte, die auf Wangerooge entstehen, sind deutlich vom Expressionismus geprägt,[95] besonders in den Porträts, sicher auch unmittelbar beeinflusst durch das Vorbild der Holzschnitte der Expressionisten. In den klaren Flächen und Strukturen des Holzschnitts – und wohl auch des Expressionismus – sieht Ewald Mataré die Möglichkeit, eine Lösung für seine Formprobleme zu finden.[96]

Auch wenn sich in seiner vorangegangenen Ölmalerei bereits expressionistische Einflüsse gezeigt hatten,[97] ist eine irgendwie geartete Verbindung der jetzt entstehenden Holzschnitte zu seiner bisherigen Ölmalerei nicht erkennbar, eine solche Verbindung besteht auch nicht. Die vorangegangene Malerei hat keinen Einfluss auf die Holzschnitte und ihre Gestaltung; die Schnitte besitzen keinen malerischen Charakter;[98] sie wirken auch deshalb nicht malerisch, weil sie sich, anders als die Malerei, aus dem Material selbst entwickeln, das einen eigenen Einfluss hat.[99] Die bisherige jahrelange Malerei enthält auch keine Anzeichen für die Entwicklung zum Holzschnitt;[100] die Holzschnitte sind etwas vollkommen Neues, ein Bruch mit der bisherigen Ölmalerei,[101] auch wenn diese zunächst noch etwas weitergeführt wird. Ewald Mataré lässt diese Malerei im Ergebnis „einfach auslaufen",[102] sie ist für ihn in Zukunft nicht mehr aktuell, später wohl auch nicht mehr für sein eigentliches Werk, wie er jetzt den Holzschnitt und die Plastik empfindet, von Bedeutung.[103]

Schon bald schwindet auch der Einfluss des Expressionismus. Ewald Mataré kommt – wohl auch unter einem zeitweisen Einfluss des Kubismus,[104] auch durch eine zunehmende Abstrahierung[105] – zu einem ausgewogenerem und geordneterem Zusammenspiel von Flächen und linearen Elementen, er ersetzt die zunächst stärker verwendeten unruhigeren Schraffuren zunehmend durch Flächen.[106] Er kommt so insgesamt zu einer „Formenberuhigung",[107] die dann letztlich zu seinem eigenen Stil führt.

Thematisch befasst Ewald Mataré sich bereits bei diesen ersten Holzschnitten mit nahezu allen Motiven, die für sein gesamtes grafisches Werk – und dann schon zwei Jahre später auch für sein plastisches Werk – von Bedeutung werden.

Der mit Abstand häufigste Gegenstand dieser Schnitte sind Porträts – auch Selbstporträts – und Darstellungen von Köpfen, auch fast stilisierten, oft in verschiedenen,

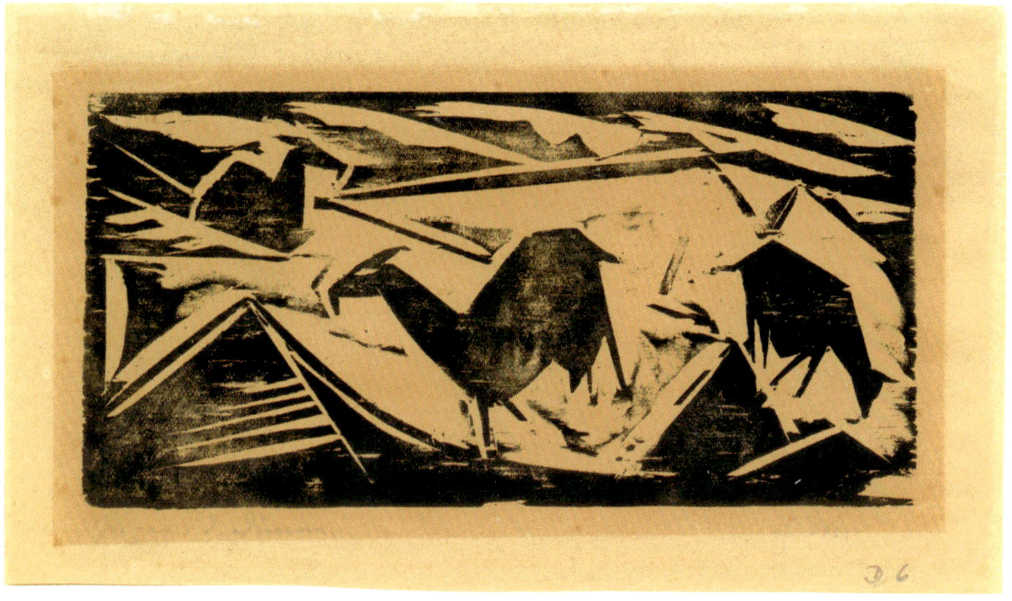

Ewald Mataré, Ziegen, 1920, Wangerooge, WV H 35

nur gering veränderten Variationen, mit denen Ewald Mataré offensichtlich die Möglichkeiten der Darstellung auslotet; er ringt förmlich um die angestrebte Abstraktion durch immer neue Veränderungen und Konstellationen von Linien und Flächen,[108] die gerade bei diesem Gegenstand naheliegen. Das durch Veränderungen der Schnitte abtastende Ringen um die Form setzt Ewald Mataré fort in einer Serie von Landschaftsmotiven, Meer, Dünen, Häuser, auch in einigen Schnitten mit biblischen und religiösen Motiven, mit denen er an Themen – aber eben nur an die Themen – seiner bisherigen Malerei anknüpft und mit denen er wohl herauszufinden versucht, ob und inwieweit ihm auch bei diesen Themen eine Darstellung im Holzschnitt möglich ist.

Als ein weiteres zentrales, ihn offensichtlich stark beschäftigendes Thema befasst Ewald Mataré sich mit der Darstellung von Tieren, fast ausschließlich von Kühen, deren Masse und Kraft, Würde und Ruhe ihn beeindrucken, in immer wieder abgewandelten Formen und Haltungen – ein Motiv, das ihn sein ganzes Leben lang beschäftigen, sich durch sein gesamtes grafisches und plastisches Werk ziehen und das das bekannteste Motiv seiner grafischen und plastischen Arbeit werden wird, geradezu sein „Markenzeichen“:

Die „Kuh des Mataré“, hier, auf Wangerooge, wird sie geboren!

Ewald Mataré erarbeitet so in diesen Monaten auf Wangerooge den Holzschnitt für sich. Der Holzschnitt wird für ihn das jetzt entscheidende künstlerische Medium. Er findet einen eigenen Stil, in klaren und einfachen, zunehmend ruhigeren und geordneten Formen, Linien und Flächen, er wird diesen Stil kaum mehr verändern. Die Probleme der Malerei, der Form und der Räumlichkeit, scheinen ihm mit dem Holzschnitt gelöst, jedenfalls lösbar.[109] Er ist mit den gefundenen Ergebnissen und mit sich zufrieden.[110]

1921 werden Holzschnitte, die 1920 auf Wangerooge entstanden sind, in der Kestner-Gesellschaft in Hannover ausgestellt.[111] Die erste Ausstellung von Holzschnittten von Ewald Mataré wird sogleich erfolgreich.[112]

Nicht überliefert ist, wie sein Freund Georg Làtk die Monate auf Wangerooge verbracht und ob und wie er künstlerisch gearbeitet hat. Da Ewald Mataré in seinen Tagebüchern häufiger beklagt, dass sein Freund seine große künstlerische Begabung und seine künstlerischen Fähigkeiten und Möglichkeiten auch nicht annähernd ausschöpfe und zur Bequemlichkeit, sogar zur „Faulheit“ neige – „Làtk ist der Faulste unter der Sonne“[113] –, wird da vermutlich auch nicht viel zu berichten sein: Georg Làtk wird wohl in erster Linie den Inselsommer genossen haben.

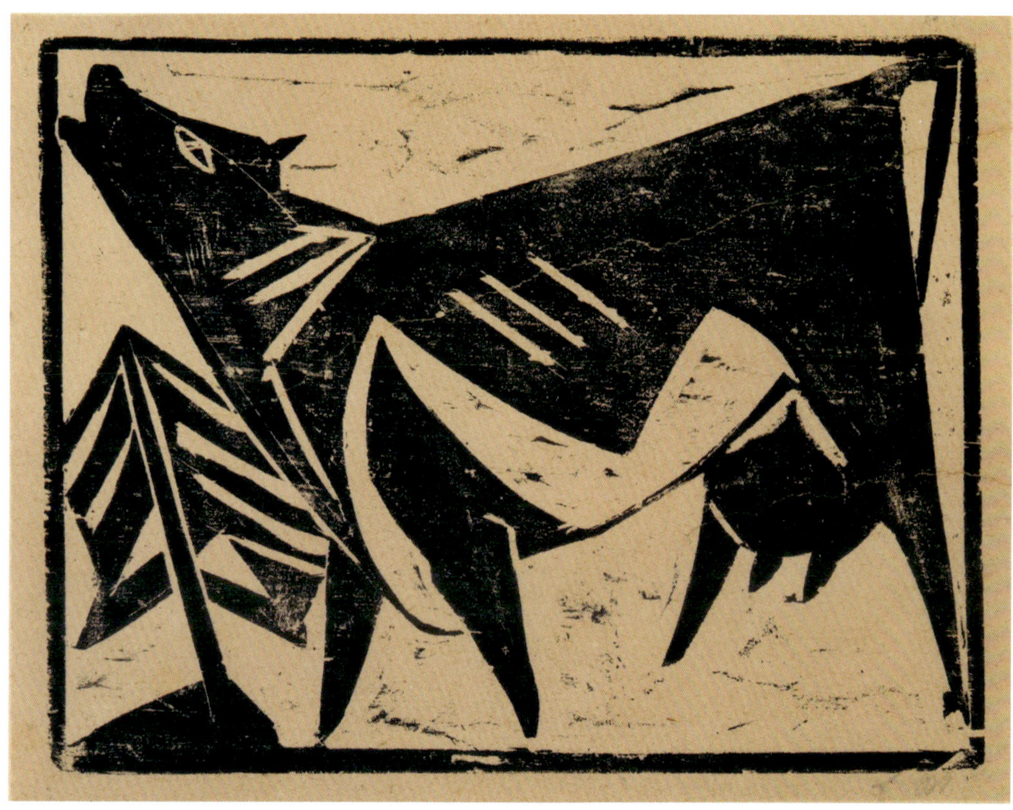

Ewald Mataré, Brüllende Kuh, 1920, Wangerooge, WV H 32

Der Sommer 1921 auf Spiekeroog: Holzschnitt

Ewald Mataré kommt schon früh im Jahr nach Spiekeroog, um den 12. April,[114] und er wird bis in den September hinein auf der Insel bleiben.[115] Er verbringt also den Frühling und den ganzen Sommer auf der Insel, etwa fünf Monate.

Weshalb er in diesem Jahr, wenn er denn schon wieder auf eine Nordseeinsel möchte, nicht wieder nach Wangerooge fährt, wo er doch im Jahr zuvor offensichtlich beste Erfahrungen gemacht hat, ist seinen Tagebüchern nicht zu entnehmen. Ein möglicher Grund kann sein, dass die – sicher kostengünstige – Baracke nicht mehr zur Verfügung steht, weil in ihr inzwischen eine Jugendherberge eingerichtet ist.[116] Weshalb er sich jetzt stattdessen für Spiekeroog entscheidet, lässt sich ebenfalls nicht feststellen.

Er kommt allein nach Spiekeroog.

Er findet Quartier in einer leerstehenden Lehrerwohnung, die ihm hinreichend Platz und ausgezeichnete Arbeitsmöglichkeiten bietet: „Ich wohne hier in der leeren Lehrerwohnung, die nun ganz von mir belegt ist, in einem Raum mache ich am Tisch Holzschnitte, im anderen male ich, im dritten zeichne ich vor dem Spiegel einen Kopf nach dem anderen, und im vierten schlafe ich.“[117]

Seine Arbeit wird aber dadurch stark beeinträchtigt, dass er sich in einem psychisch schlimmen Zustand befindet.

Er leidet unter plötzlichen, ohne äußeren Grund einsetzenden Panikattacken,[118] an „schrecklichen Depressionen“, die während des gesamten Aufenthalts wiederkommen.[119] Es sind schlimme Zustände – „in meinen Gefühlen ist ein wahrer Zusammenbruch“[120] –, die dann aber immer wieder durch ruhige Stimmungslagen und gelungene Arbeitsphasen abgelöst werden. Seine Stimmungen schwanken und wechseln, ständig, von einem Extrem ins andere. Ihn bedrückt das Gefühl der Verlassenheit; er ist von den Menschen angewidert[121] und bedauert zugleich, niemanden zu haben, mit dem sprechen kann, ihm fehlt der „Gedankenaustausch mit Mitfühlenden“.[122] Er leidet schwer unter seiner großer Einsamkeit,[123] die er aber fast im gleichen Atemzug als „wohltuend“ empfindet[124] und die er auch für sich und seine Arbeit benötigt.[125] Er leidet unter den verschlechterten Lebensumständen, dem Zusammenbruch der bisherigen Gesellschaftsordnung, ihrer Ideale[126]; er leidet an der Welt, aber auch an seinen eigenen schwierigen wirtschaftlichen Verhältnissen, an dem Zustand seiner Familie, der zunehmenden Demenz seines Vaters.[127] Es kommt da wohl vieles zusammen, was ihn immer wieder verzweifeln lässt – er steigert sich sogar in Selbstmordgedanken.[128]

Ewald Mataré ist wohl bereits in diesem Zustand auf Spiekeroog angekommen. Die Situation wird sich schon vorher, noch in Berlin, langsam entwickelt, dann aber durch die Situation auf Spiekeroog, besonders durch sein langes Alleinsein, gesteigert haben.

Er erinnert sich einige Jahre später, 1928, als er bei einem Aufenthalt in Paris wiederum eine depressive Phase erleidet: „Ich erinnere mich, ähnliche Zustände schon einmal gehabt zu haben, und zwar vor Jahren, als ich zur Nordsee, ich glaube nach Spiekeroog reiste; unterwegs, kurz vor Bremen, musste ich einfach den Zug verlassen in dem Gefühl, nicht weiterfahren zu können, ich benutze dann später zur Weiterreise den nächsten, schlief dann im Zug tief ein und als ich erwachte, war´s um vieles besser, doch auch in Bremen war noch eine lange Depression vorhanden ... Bei allem, was ich empfand, spielte stets eine Verlassenheit, das Gefühl gänzlicher Einsamkeit eine große Rolle, und jeder Mensch, mit dem ich dann in einem solchen Zustand sprechen konnte, war mir eine innere Befreiung. Nichts weiß ich, was dagegen helfen kann, nichts, durch das ich mich davor schützen könnte, und die Ursache ist mir am unklarsten.“[129]

Es sind wohl zwei Faktoren, die ihn diese Krise überwinden lassen: Seine Arbeit, die er immer wieder aufnimmt, und der Besuch seiner Freundin Hanna Hasenbäumer auf der Insel.

Er klammert sich „mit äußerster Not“ an die Arbeit,[130] er zeichnet und malt, macht erneut Holzschnitte und macht Fortschritte: „Ich finde langsam Boden.“[131] Er kann wieder länger arbeiten, was ihm ein ausgesprochenes Glücksgefühl gibt,[132], er gewinnt – trotz Rückschlägen – seine alte Arbeitskraft wieder[133]. Dabei hilft ihm wohl gerade auch die Arbeit am Holzschnitt, die mit ihr verbundene, immer deutlicher betonte stilistische Ordnung,[134] denn er resümiert: „Ich spüre die Wirkung des Holzschnitts,“[135] er spürt also wohl auch, dass er in seiner künstlerischen Arbeit, in der Lösung seiner künstlerischen Probleme weiterkommt.

Noch wichtiger wird für Ewald Mataré indes der Besuch von Hanna Hasenbäumer sein.

Hanna Hasenbäumer ist für etwa drei Wochen auf Spiekeroog. Nach der Eintragung vom 12. Juni 1921 in den Tagebüchern von Ewald Mataré sollte sie „Ende des Monats“, also Ende Juni 1921 kommen; abgereist ist sie am 16. Juli 1921.[136] Ihr Besuch ist in Nr. 1 der „Stranddistel, Bade-Anzeiger und Fremdenliste für das Nordseebad Spiekeroog“ vom 15. Juli 1921 in der Rubrik „Verzeichnis der auf Spiekeroog angekommenen Kurgäste und Passanten“ aufgeführt.[137] Das Ankunftsdatum ist in der Liste nicht genannt, das ist auch nicht vorgesehen; auch die Abreise wird nicht aufgeführt.[138]

Als Logis ist in der Auflistung der „Stranddistel“ angegeben: „Weerts“. Damit wird gemeint sein, wie bei der entsprechenden Eintragung in der „Stranddistel“ im folgenden Jahr 1922, der „Lehrer Weerts“.[139] Darunter wird dann wohl auch die „leere Lehrerwohnung“ zu verstehen sein, in der Ewald Mataré lebt und die auch genügend Platz für Hanna Hasenbäumer bietet.

Jedenfalls: Hanna Hasenbäumer und Ewald Mataré verbringen die Zeit zusammen und kommen sich weiter näher. Ewald Mataré genießt den Besuch,trotz seines sonst immer wieder aufbrechenden Bedürfnisses nach Alleinsein für seine Arbeit: „... eine

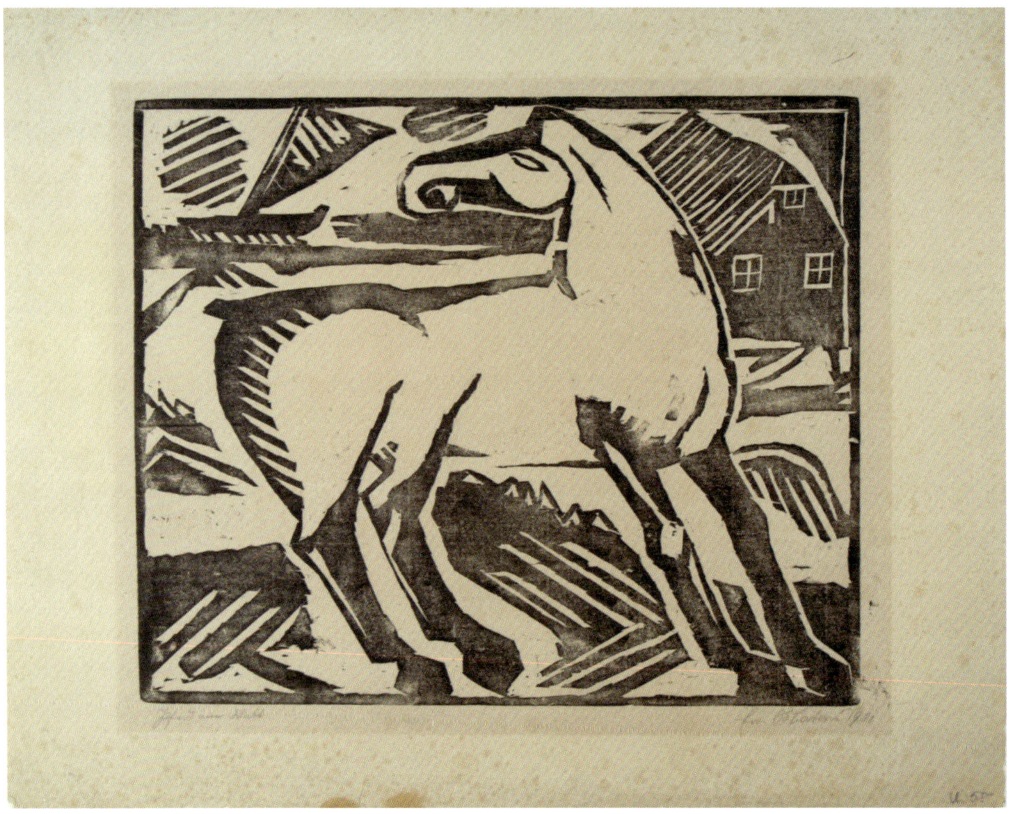

Ewald Mataré, Pferd am Watt, 1921, Spiekeroog, WV H 85

köstliche Zeit des Zusammenseins."[140] Er erwägt auch bereits eine Heirat, befürchtet aber zugleich um seine Entwicklung als Künstler durch eine solche ihn vielleicht in seiner Arbeit einschränkenden Verbindung und Bindung.[141]

Ewald Mataré arbeitet nun wieder intensiv. Er befasst sich mit Zeichnung, so entstehen zahlreiche Selbstporträts.[142] Er malt auch wieder; er beginnt das Bild mit den klagenden Frauen[143] und arbeitet an dem „Selbstporträt mit der Stranddistel". Mit seinen Problemen der Landschaftsmalerei kommt er allerdings auch jetzt nicht weiter, die Landschaft bleibt ihm weiterhin „verschlossen".[144] Und er arbeitet wieder an Holzschnitten, und diese Arbeit wirkt sich auch bei seinen anderen Arbeiten aus, ist also nach wie vor für seine gesamte künstlerische Entwicklung von ausschlaggebender Bedeutung.[145]

Von diesem Aufenthalt auf Spiekeroog sind 20 Holzschnitte bekannt.[146] Die verhältnismäßig geringe „Ausbeute" erklärt sich wohl auch aus seinem insgesamt schlechtem Gesundheitszustand.

In diesen Holzschnitten befasst er sich mit immer wiederkehrenden Motiven, mit Köpfen, Landschaften und Dünen, Kühen und Pferden. Die Entwicklung zu der „für Matarés Holzschnittwerk charakteristischen Arbeit mit Flächen“ setzt sich fort und vollendet sich wohl hier auch bereits;[147] dieser Charakter seiner Holzschnitte ändert sich in der Zukunft nicht mehr.

Ewald Mataré beginnt das Fazit des Sommers zu ziehen.[148] Dieses Fazit fällt insgesamt wohl doch nicht ganz schlecht aus. Denn ihm kommt der Plan, auf Spiekeroog „ein kleines Haus [zu bauen], Atelier und Schlafzimmer“, auf einem Grundstück neben dem alten Lehrerhaus, in dem er auf der Insel lebt.[149] Er verfolgt damit wohl weniger die Absicht, letztlich auf Spiekeroog sesshaft zu werden; er sucht wohl mehr einen ruhigen Ort, zur Arbeit im Sommer, aber auch einen Rückzugsort.[150] Die Insel scheint ihm hierfür gut geeignet; er war insoweit mit seinem Aufenthalt offensichtlich sehr zufrieden, wohl auch durch die Beziehung mit Hanna Hasenbäumer, mit der er das Vorhaben sicher besprochen hat. Dieser Plan ist auch nicht nur ein spontaner Einfall, aus einer augenblicklichen Stimmung heraus. Denn Ewald Mataré beginnt bereits mit seiner Umsetzung, macht einen Entwurf, zeichnet Grundriss und Aufriss. Er tritt auch bereits an die zuständigen Behörden heran; er beklagt, dass zum Erwerb des für den Bau vorgesehenen Grundstücks „eine Menge von Formalitäten zu erfüllen [sind], die Zeit verschlingen.“[151]

Mit diesen Plänen verlässt Ewald Mataré im September 1921 die Insel.

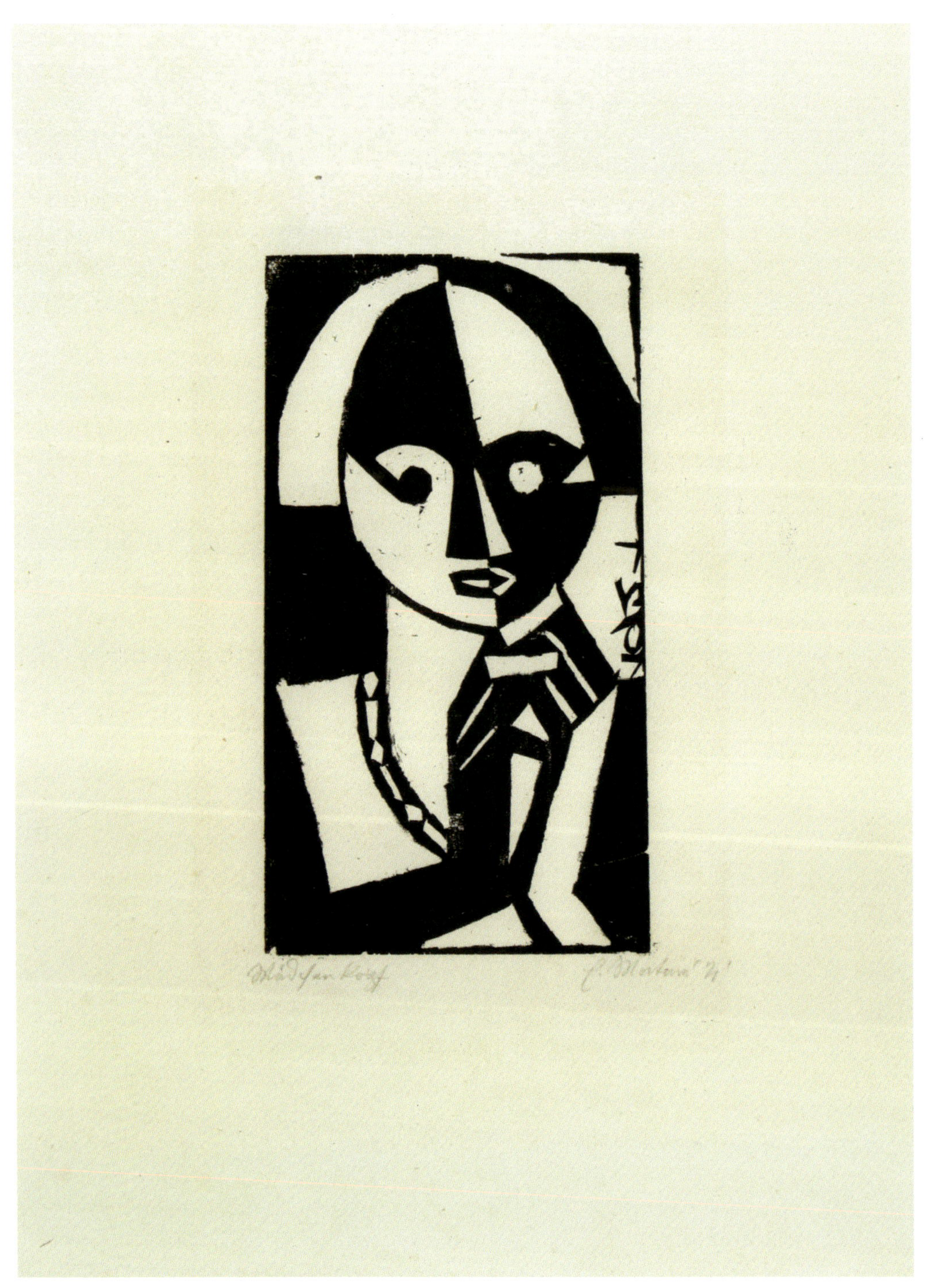

Ewald Mataré, Mädchenkopf (oder: Frau mit Händen), 1921, Spiekeroog, WV H 78

Der Sommer 1922 auf Spiekeroog: die Plastik

Ewald Mataré hält sich wieder den ganzen Sommer 1922 über auf Spiekeroog auf, er kommt am 5. Mai und bleibt bis etwa zum 22. September, also für rund vierundeinhalb Monate.[152]

Seinen „schönen Plan", auf Spiekeroog ein Haus zu bauen – ein Plan, der, wie er notiert, „fast zur Wirklichkeit wurde" – hat er inzwischen aufgeben müssen Er scheitert, natürlich, an den finanziellen Schwierigkeiten.[153] Er bedauert dieses Scheitern aber nicht sehr lange; er scheint sogar erleichtert zu sein, dass er nicht an Spiekeroog gebunden wird und dass er so nicht weiß, „was nächstes Jahr wird und wo mich der Zufall hinbringt. Es ist doch tausend Mal schöner so!"[154] Aber auch insoweit wohnen, wie bei Vielem, zwei Seelen in seiner Brust: „Dieses Zigeunerhafte in mir wechselt ständig mit dem Gefühl und dem Wunsch sesshaft zu werden und nicht fort zu müssen ..."[155]

Er kommt auch dieses Jahr wieder allein nach Spiekeroog.

Wo Ewald Mataré in diesem Jahr auf Spiekeroog wohnt, ergibt sich aus seinen Tagebüchern nicht, aber wohl wieder in dem „leeren Lehrerhaus".

Denn er erhält auch in diesem Jahr wieder längeren Besuch seiner Freundin Hanna Hasenbäumer. Sie ist Anfang Juni gekommen; in seinem Tagebuch hat Ewald Mataré am 27. Juni. 22 notiert, dass sie „nun drei Wochen hier ist".[156] Auch in diesem Jahr ist ihre Ankunft auf Spiekeroog in der „Stranddistel" aufgeführt.[157] Da dort als Logis „Lehrer Weerts" angegeben ist, wird es sich daher um dasselbe Quartier handeln wie im Jahr 1921. Ewald und Hanna werden wohl wieder zusammenwohnen, also im alten Lehrerhaus.[158]

Hanna Hasenbäumer reist am 22. August von Spiekeroog ab.[159] Wenn sie nicht zwischenzeitlich wieder in Berlin war, hätte es sich also um einen recht langen, mehr als zweimonatigen Aufenthalt gehandelt. Dies ließe sich damit erklären, dass Ewald Mataré und Hanna Hasenbäumer die Absicht haben, auf Spiekeroog zu heiraten, wohl im August, was sich dann aber wegen der erforderlichen Formalitäten nicht verwirklichen lässt,[160] ihren Aufenthalt auf Spiekeroog aber verlängert haben kann. Ewald Mataré schreibt über den Aufenthalt von Hanna Hasenbäumer in den ansonsten ausführlichen Tagebucheintragungen auf Spiekeroog im Übrigen nur wenig, einen Absatz am 27.6.22[161] und dann noch zur geplanten Heirat und zu ihrer Abreise.

Auf Spiekeroog hält sich in dieser Zeit auch „Hasenbäumer Ella Telegr.-Assistent Dortmund H. [Hotel] Wiethorn" auf,[162] wohl Hanna Hasenbäumers Schwester Elisabeth. Wann sie auf Spiekeroog angekommen und wieder abgereist ist, ergibt sich aus der „Stranddistel" nicht, Ewald Mataré erwähnt diesen Besuch in seinem Tagebuch nicht. Möglicherweise war Grund des Besuches die geplante Hochzeit von Hanna Hasenbäumer und Ewald Mataré auf Spiekeroog, für die die beiden auch noch eine kurz-

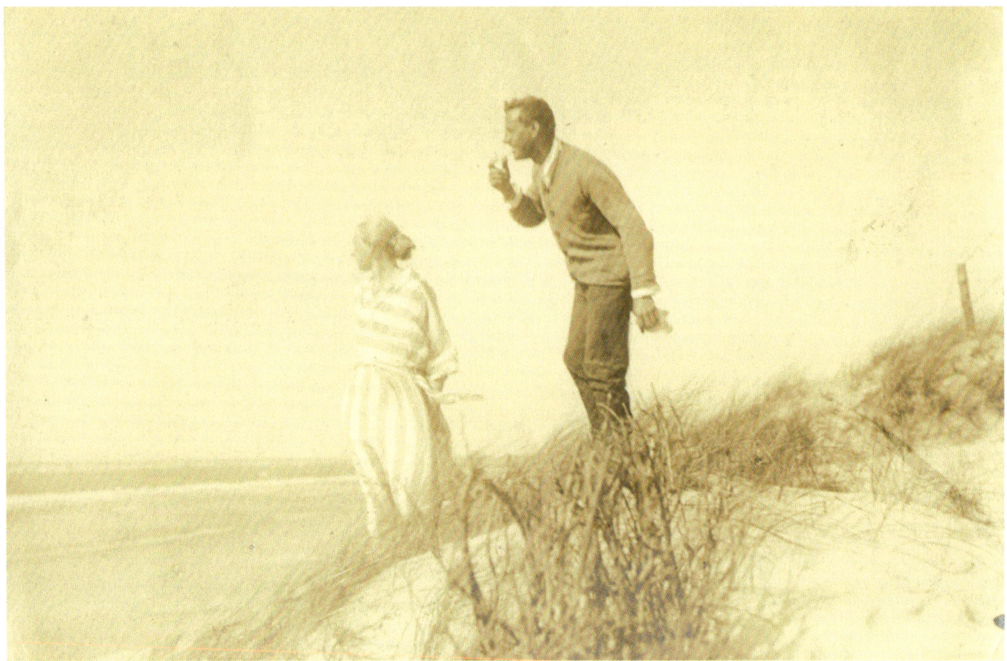

Ewald Mataré mit Hanna Hasenbäumer in den Dünen, Spiekeroog 1922

fristige Rückkehr von Hanna Hasenbäumer von Berlin nach Spiekeroog für September in Erwägung ziehen.[163]

Die Heirat findet schließlich am 3. Oktober 1922 in Berlin statt.

Ewald Mataré kommt im Mai 1922 wohl in einem besseren Zustand nach Spiekeroog als im vorigen Jahr. Er schreibt zwar in sein Tagebuch, dass er die Reise so empfunden habe, „als ob ich durch einen langen, dunklen Tunnel gefahren sei, als ich endlich die Insel betrat ...“, zugleich aber auch „... und doch glaube ich ein ganz anderer zu sein als zur gleichen Zeit im vergangenen Jahre“[164] und: „Der Drang nach einer künstlerischen Formklärung beschäftigt mich heute so wie damals, trotzdem glaube ich, dieses Mal gesammelter zu sein, weil auch rein seelisch eine Last von mir genommen ist ...“.[165]

Er möchte auch in diesem Jahr wieder mit Holz arbeiten. Die Arbeit mit dem Holzschnitt in den Jahren 1920 und 1921 hat ihn „wieder mit dem Holz in Berührung gebracht“. Er liebt das Werken mit Holz, schon seit seiner frühen Jugend, als er ja bereits eine kleine Hobelbank und eine kleine Holzwerkstatt im elterlichen Wohnhaus hatte: „Mein Hang zu handwerklicher Tätigkeit war immer sehr stark ...“[166]

Am Strand von Spiekeroog findet er aber in diesem Jahr keine zum Holzschnitt geeignete Hölzer, wohl aber Holzstücke, die ihn zum plastischen Schnitzen anregen[167] – und so entstehen 1922 auf Spiekeroog die ersten Holzplastiken von Ewald Mataré!

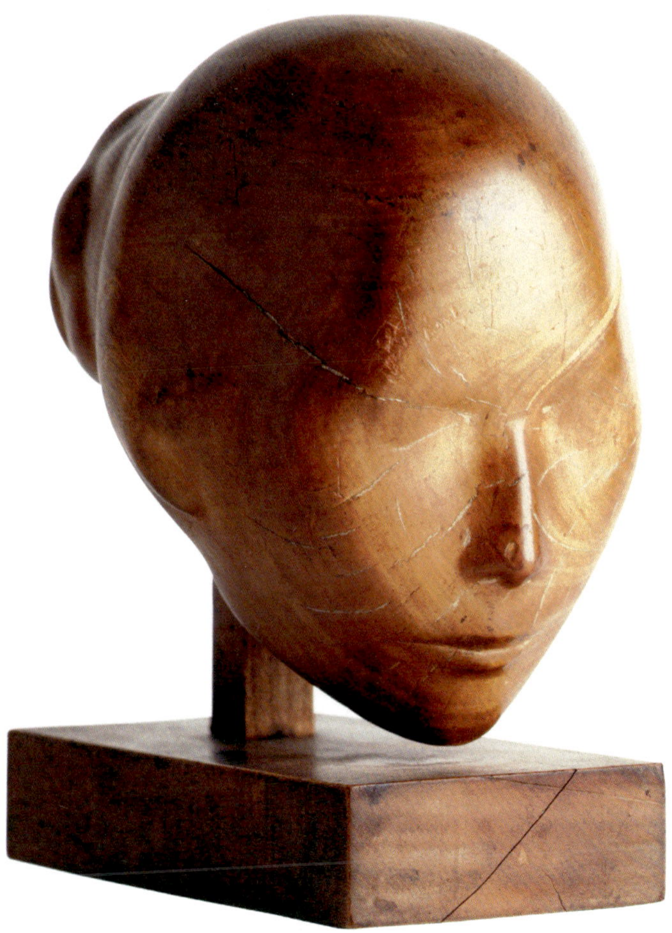

Ewald Mataré, Weiblicher Kopf (Hanna H.), 1922, Spiekeroog, WV P 5, Höhe (mit Sockel) 24 cm

Seine Erzählung „Neben der Arbeit" lässt er enden: „Ich schreite durch die Dünen dem Meere zu. Es ist kommendes Wasser, und während ich der Flutgrenze entlangschreite, sehe ich im Wasser treibend ein kugeliges Etwas. Als es ins seichte Wasser kommt, fische ich ein Stück Holz heraus, schönes Wurzelholz. An einer Seite ist es von Rinde befreit und schimmert in der Sonne wie reines Gold und Perlmutter. Daraus habe ich den Kopf eines Mädchens geschnitzt, das hatte Haare wie Gold und seine Haut schimmerte wie Perlmutter."[168]

So in etwa können wir uns „plastisch" vorstellen, wie Ewald Mataré die Plastik – genauer natürlich: Holz als Material für Plastiken – für sich „entdeckt" hat.

Dass dies nur ein „vom Zufall gesteuertes" Ereignis gewesen sei, durch das Ewald Mataré der „Durchbruch zur Plastik" gelungen sei,[169] ist sicherlich eine stark verkürzte, nur auf den „Spaziergang an Strand" beschränkte Annahme. Vielleicht ist zwar auch hier das vergebliche Suchen nach für den Holzschnitt geeigneten Hölzern und dann der „zufällige" Blick auf andere angeschwemmte Holzstücke der unmittelbare Auslöser des Gedankens, das plastische Schnitzen zu versuchen. Aber nach der intensiven – und auch erfolgreichen, ihn ersichtlich befriedigenden – Arbeit mit Holz und dem Holzschnitt in den beiden vorangegangenen Jahren ist der Übergang zur plastischen Arbeit mit Holz eine naheliegende, eigentlich eine nur logische, folgerichtige und konsequente Fortentwicklung der bisherigen Arbeit.[170] Es wird als sicher angenommen werden können, dass Ewald Mataré, nach dem Entdecken des Holzes für seine künstlerische Arbeit, auch sonst zur Holzplastik gekommen wäre, vielleicht auch schon alsbald – zumal wenn sein von ihm immer wieder geäußerter Drang zur unmittelbare Arbeit mit dem Material, zum unmittelbaren „Machen", die Freude an handwerklicher Arbeit, besonders mit Holz, bedacht wird.[171] Der Schritt zur Holzplastik musste praktisch zwangsläufig kommen.[172]

Neben einigen kleineren Arbeiten, die wohl mehr Übungsversuche sind und die er auch nicht als „Werke" wertet, beginnt Ewald Mataré mit zwei Arbeiten, die seine ersten Holzplastiken werden: Ein „schreitendes Mädchen"[173] und einen weiblichen Kopf, den er in seinen Tagebüchern als „Hannas Kopf" bezeichnet, der also ein Porträt seiner späteren Frau Hanna Hasenbäumer darstellt[174] An diesen Plastiken arbeitet er lange und nebeneinander.[175] Mit dem Ergebnis dieser Arbeit ist er offensichtlich zufrieden.[176]

Im Sommer 1922 auf Spiekeroog entstehen wohl nur noch vier weitere Plastiken: „Stehender Jüngling", „Sitzende Katze", „Schreitender Mann"[177] und in Schnitzmalerei: „Pferd".[178]

Ewald Mataré schneidet die Figuren sogleich in das Holz hinein, ohne eine Vorzeichnung; die Form des Holzblocks gibt auch die Form der Figur vor.[179]

Hier, auf Spiekeroog, nimmt er natürlich vorgefundenes Holz, später wird er das Holz sorgfältig auswählen und oft auch mit besonderen, wertvollen Hölzern arbeiten. Später arbeitet er an seinen Plastiken, vorzugsweise bei Tierfiguren, unter ständiger Na-

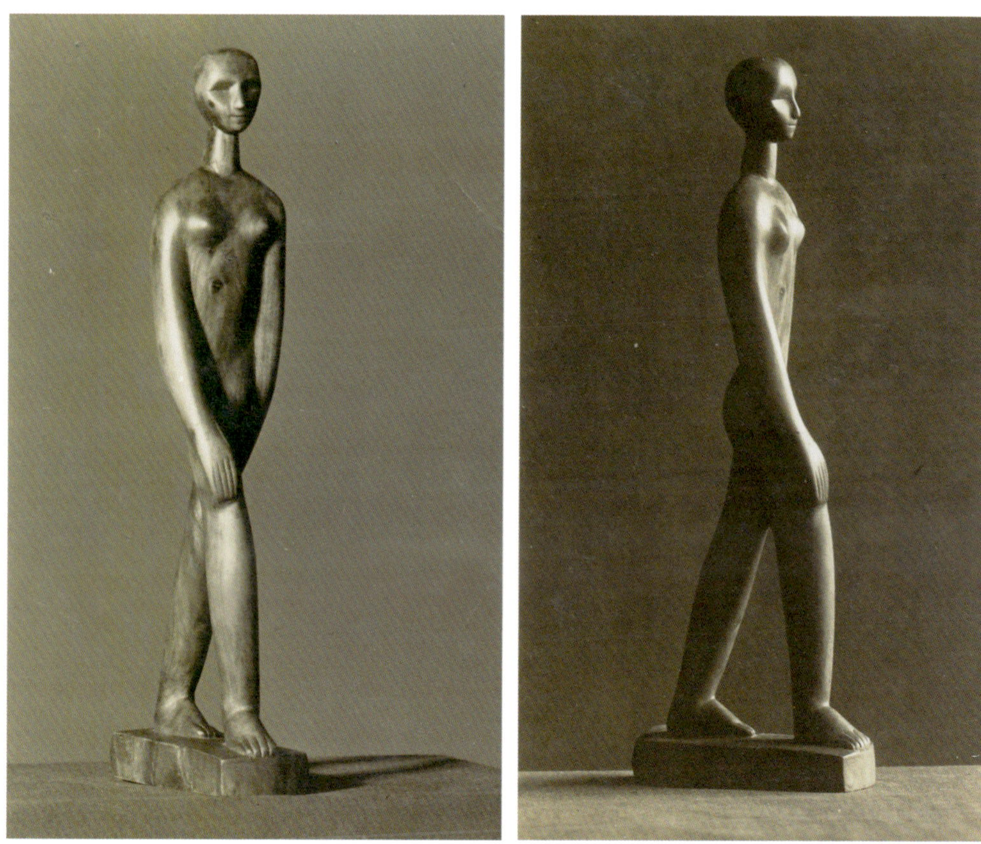

Ewald Mataré, Schreitendes Mädchen, Spiekeroog, 1922, WV P 4, Höhe 40 cm

turbeobachtung des Tieres, das er darzustellen sucht, etwa einer Kuh oder eines Pferdes, in seiner Stellung oder Haltung, gewissermaßen wie „vor einem Modell", um so das Naturhafte zu erfassen und in die Plastik umzusetzen[180] – für Spiekeroog ist diese Arbeitsweise, bei den erst nur wenigen Werken, so noch nicht grundsätzlich festzustellen.

Er befasst sich mit denselben Darstellungsgenständen, die schon zuvor, bei den Holzschnitten, seine Themen waren, so mit Köpfen, besonders mit Tierfiguren, Tieren seiner vertrauten Tierwelt,[181] die zeitlebens seine wichtigsten Darstellungsgegenstände sein werden, hier mit Pferd und Katze. Die Kuh, die ihn sein ganzes Leben lang als Motiv fasziniert und mit der er sich immer wieder neu befassen wird, mit der er sich bei den vorausgegangenen Holzschnitten bereits intensiv befasst hatte, die ihn gerade bei seine Plastiken berühmt machen wird – die Kuh ist 1922 auf Spiekeroog allerdings noch nicht dabei![182]

Schon bei diesen ersten Plastiken kommt Ewald Mataré zu seinem eigenen Stil, den er sein Leben lang beibehalten wird.[183] Stilelemente des Expressionismus greift er von vornherein nicht mehr auf;[184] er hatte sich ja bereits bei seinen Holzschnitten der vorigen Jahre vom Expressionismus entfernt, die Auseinandersetzung mit dem Expressionismus hatte er dort geführt und endgültig abgeschlossen.

Ewald Mataré sucht das Wesen, das Wesentliche des Darstellungsgegenstandes, etwa des darzustellenden Tieres, zu erfassen, herauszuarbeiten und in größter Einfachheit und Klarheit zu gestalten: Die elementare Grundform, zurückgeführt und beschränkt auf das Typische, in äußerster Reduktion, in einfachster Klarheit, in formaler Strenge. In diesem Bestreben kommt er zu immer stärkerer Abstrahierung des Gegenstandes, der aber als solcher immer deutlich erkennbar bleibt, dessen Wesen durch die starke Formalisierung und Abstrahierung sogar noch hervorgehoben und betont wird. Die Arbeiten nähern sich oft der Grenze zur reinen Abstraktion. Diese Grenze wird aber nie überschritten;[185] die Werke sind „gleichermaßen abstrakt und naturnahe"[186] und lassen bei aller Abstrahierung immer die Naturform erkennen, die für Ewald Mataré immer auch der entscheidende Ausgangspunkt seiner Arbeit, die „entscheidende Richtlinie"[187] ist und bleibt. Die klaren schnörkellosen Formen und Flächen, oft archaisch wirkend, ohne ablenkende, gar verniedlichende Einzelheiten, sind fern von allen romantisierenden oder sentimentalen Vorstellungen.[188] Sie vermitteln eine Allgemeingültigkeit der Aussage, sie strahlen fast etwas Ewigkeitshaftes aus.

Unterstrichen werden die strenge Formhaftigkeit und die starke Abstrahierung durch die handwerkliche Art der Ausführung der Plastiken: Flächen und Formen gehen meist konturlos ineinander über, sie werden mit großer Sorgfalt geglättet und geschliffen, sie sollen Plastiken zum Anfassen sein, „ ...auch der Blinde sollte eine Plastik genießen können."[189] Das Streben nach äußerster Perfektion zeigt zugleich wiederum die Freude von Ewald Mataré an der handwerklichen Arbeit, die Freude an der Arbeit unmittelbar an dem Material, die Freude am „Machen" – alles dies betont Ewald Mataré auch selbst immer wieder.

Alles dies wird schon bei diesen ersten Plastiken von Ewald Mataré deutlich, besonders bei „Hannas Kopf" und der „Katze".

Die Arbeit an den Plastiken ist im Sommer 1922 der eindeutige Schwerpunkt der künstlerischen Arbeit von Ewald Mataré. Daneben befasst er sich nur mit einigen Zeichnungen[190] und Aquarellen,[191] darunter einem Selbstporträt und einem Porträt von Hanna Hasenbäumer.[192] Er macht auch noch einen Holzschnitt, keine weiteren, was er sehr bedauert: „Wie gerne hätte ich noch Holzschnitte gemacht, um den begonnenen guten Weg sichtbarlich zu Ende zu führen"[193] – aber er hat nun einmal kein passendes Holz zur Verfügung und es gelingt ihm auch nicht, sich Holz für Holzschnitte zu beschaffen: „Es hat also in diesem Sommer mit dererlei Arbeiten meinerseits nicht sein sollen."[194]

Ende September 1922 reist Ewald Mataré von Spiekeroog ab.

In den nächsten Jahren wird er die Sommermonate auf Sylt und Romö verbringen, dann auch an der Ostsee, so in Lettland und Estland, mehrfach auch auf Hidddensee. Erst 1933 wird er wieder nach Ostfriesland kommen, nach Norderney und Langeoog. Nach dem Ende des Zweiten Weltkriegs wird er wieder auf die ostfriesischen Inseln fahren, 1947 nach Spiekeroog, 1948 nach Norderney und 1949 nach Juist. Er arbeitet natürlich auch bei diesen Aufenthalten, er bleibt also mit Ostfriesland auch weiterhin künstlerisch verbunden.

Die Sommeraufenthalte 1920 auf Wangerooge und 1921 und 1922 auf Spiekeroog aber stellen einen fundamentalen Umbruch in der künstlerischen Arbeit von Ewald Mataré dar, besonders der Sommer 1922 auf Spiekeroog, als er endgültig die bisherige Malerei aufgibt und über den Holzschnitt zur Plastik kommt, die dann seine künstlerische Arbeit, sein künstlerisches Leben völlig verändern und bestimmen wird.

Dass gerade dieser Sommer 1922 auf Spiekeroog, der nach der vorangegangenen Hinwendung zum Holzschnitt den Durchbruch zur Plastik brachte, ein – erst nach schweren inneren Kämpfe gelungener – fundamentaler Neubeginn war, durch den er jetzt erst, mit fünfunddreißig Jahren, seine endgültige künstlerische Berufung gefunden hat und mit seiner künstlerischen Arbeit und wohl auch mit sich selbst ins Reine gekommen ist, hat Ewald Mataré lebenslang so empfunden und in seinen Tagebüchern zum Ausdruck gebracht: Es sei damals eine „dicke Kruste" von seiner Seele gefallen, „weil alte Begriffe und Vorurteile abgeschüttelt wurden"[195], geradezu „gewaltsam"[196], „ganze Rinden seines Lebensbaumes" hätten sich abgeschält."[197] Er habe damals, so formulierte er, „in meinem Innern das Herabstürzen von ungeheuren Massen [gespürt], um was freizulegen – ich kann es nicht anders ausdrücken, was da in mir vorging – als lösten sich Erd- oder Felsmassen von hohen Ufern und stürzten in die Tiefe, und an den freiwerdenden Stellen träte eine klarere, edlere Masse ans Licht."[198]

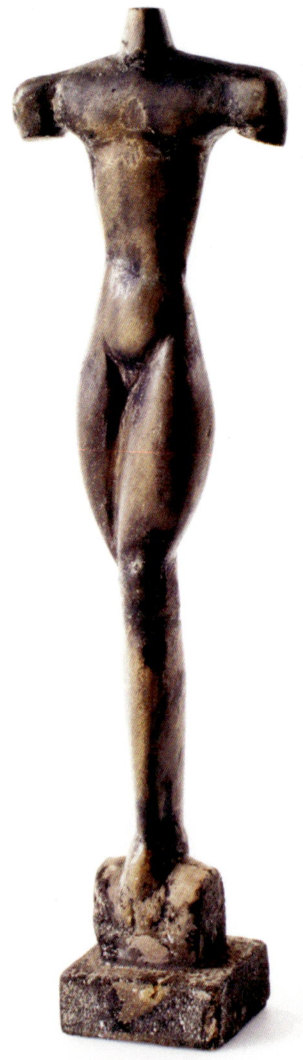

Ewald Mataré, Stehender Jüngling, 1922 Spiekeroog, WV P 6, Höhe (mit Sockel) 24,7 cm

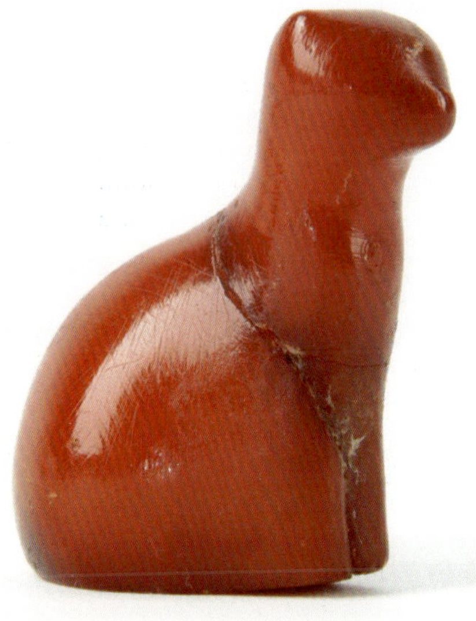

Ewald Mataré, Sitzende Katze, Bernstein, 1922, Spiekeroog, WV P 14, Höhe 3,5 cm

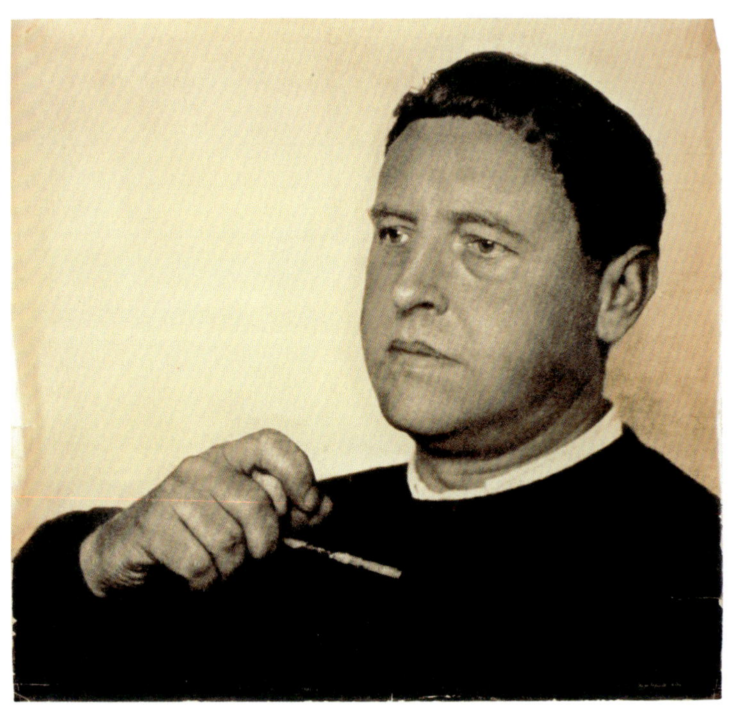

Ewald Mataré, 1934

Nachklang

In der Folgezeit wird Ewald Mataré zunächst weiter als freischaffender Künstler tätig. Schwerpunkt seiner künstlerischen Arbeit sind zunächst – bis in die 1930er Jahre hinein – weiterhin Holzschnitte und kleinere Plastiken, besonders Tierplastiken, immer wieder Kühe; die erste plastische Darstellung einer Kuh ist, wie schon erwähnt, 1923 auf Sylt entstanden. 1932 erhält er eine Professur an der Kunstakademie Düsseldorf. Bereits 1933 wird er aus dieser Stellung aus politischen Gründen entlassen; Werke von ihm werden als „entartet" aus Museen und Sammlungen entfernt, er kann aber weiterhin künstlerisch arbeiten. Während der Zeit des Nationalsozialismus wendet er sich zunehmend der angewandten Kunst zu, insbesondere, unterstützt und gefördert durch katholische Geistliche, der sakralen Kunst, wie der Gestaltung von Kruzifixen und Kelchen. Nach Ende des Zweiten Weltkriegs nehmen die Auftragsarbeiten vor allem im Bereich der Formgestaltung zu, insbesondere auch von Großplastiken im öffentlichen Raum, wie den Bronzetüren des Südportals des Kölner Doms und Portale der Friedenskirche in Hiroshima, was seine Arbeitskraft nun fast völlig in Anspruch nimmt. Er wird zu einem der bedeutendsten bildenden Künstler dieser Zeit.

Zur Malerei ist Ewald Mataré nicht mehr zurückgekommen. Er bleibt bei Holzschnitt und Plastik, zu denen er in den Sommermonaten 1920, 1921 und 1922 auf Wangerooge und Spiekeroog gekommen ist, und besonders bei der daraus entstandenen Formgestaltung.

Ewald Mataré stirbt am 29. März 1965 in Büderich.

„Die Kuh des Mataré“

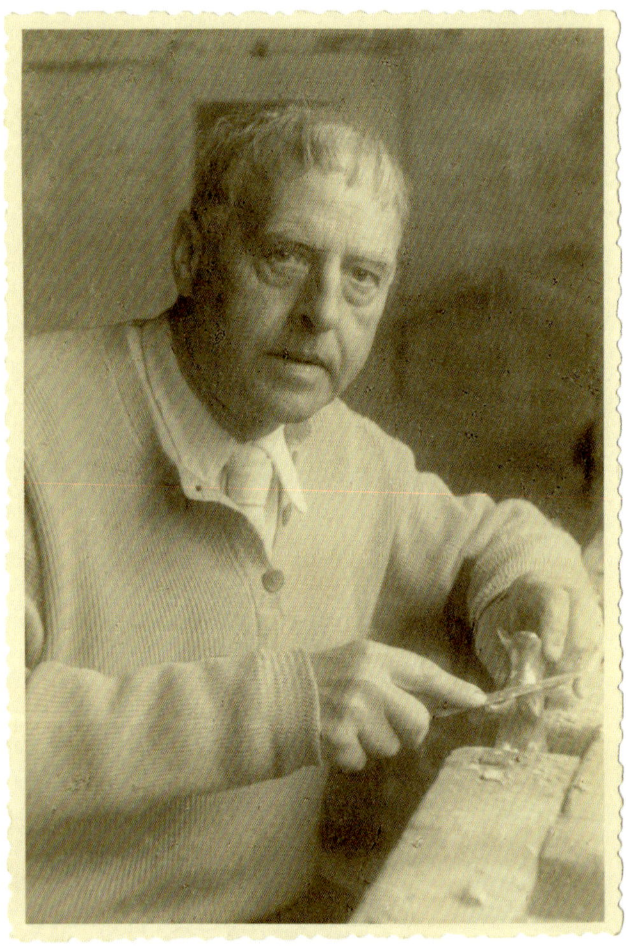

Ewald Mataré, Arbeit an einer Plastik: Stehende Kuh, Atelierhaus Büderich, November 1948

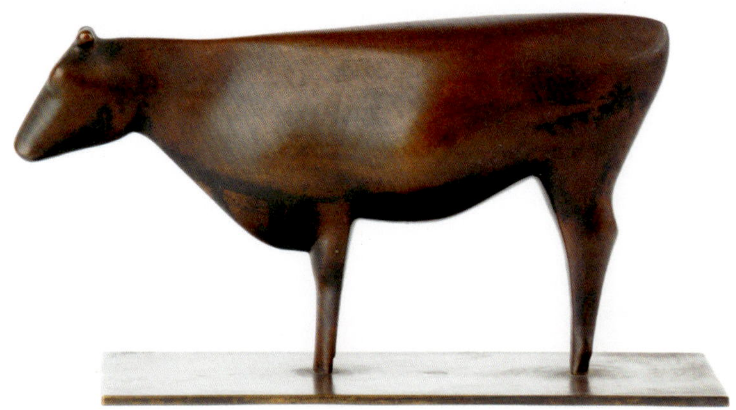

Ewald Mataré, Stehende Kuh/Windkuh, 1923, List auf Sylt, WV P 15, Höhe 19 cm

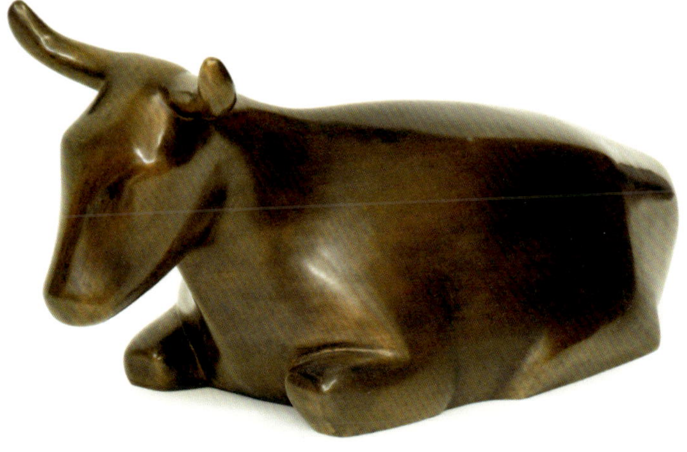

Ewald Mataré, Große knieende Kuh, 1925, List auf Sylt, WV P 27 a, Höhe 21 cm

Anmerkungen

Die Tagebuchäußerungen von Ewald Mataré sind zitiert nach: Ewald Mataré, Tagebücher 1915 bis 1965, herausgegeben von Sonja Mataré und Sabine Maja Schilling, Köln 1997, und bezeichnet mit „Mataré Tagebücher", dem von Ewald Mataré angegebenen Datum der Eintragung und der Seitenzahl in dem herangezogenen Werk von Sonja Mataré und Sabine Maja Schilling.

Bei wörtlichen Zitaten wird zur besseren Lesbarkeit die neue Rechtschreibung verwendet.

Vorwort: Das Thema

1 Anfragen an die Gemeindeverwaltungen, Gemeinedearchive und Heimatmuseen der beiden Inse Es fanden sich keinerlei Unterlagen zu Ewald Mataré. Auch in der umfangreichen mehrbändigen Chronik der Insel Wangerooge von Hans-Jürgen Jürgens befindet sich kein Hinweis auf Ewald Mataré, dem Autor war der Name Mataré trotz seiner umfangreichen Recherchen und Quellen nicht bekannt.

Matarés Weg zum „klassischen" Maler

2 Leider war dem Verfasser ein Gespräch mit der Tochter von Ewald Mataré, Sonja Mataré, nicht mehr möglich. In einem solchen Gespräch hätte Sonja Mataré vielleicht noch aus Erzählungen ihrer Eltern von den Sommeraufenthalten 1920–1922 berichten können. Ein bereits geplantes Treffen ist durch die Einschränkungen der Corona-Krise verhindert worden: Sonja Mataré ist während der Pandemie, 94jährig, am 7. Oktober 2020, verstorben.

3 Die Tagebücher von Ewald Mataré sind bisher in zwar umfangreichen, aber gekürzten Ausgaben publiziert (s. Literaturverzeichnis). Nach Mitteilung des Museums Kurhaus Kleve (Ewald Mataré-Sammlung) vom 31.05.2023 an den Autor wird eine ungekürzte Ausgabe, an der zur Zeit gearbeitet werde, voraussichtlich Ende 2024 vorliegen. Es wird aber wohl kaum zu erwarten sein, dass sie zu den hier interessierenden tatsächlichen Vorgängen und Abläufen der Sommeraufenthalte von Ewald Mataré 1920–1923 wesentliche weitergehende Angaben enthalten wird.

4 Sabine Maja Schilling, in: Ewald Mataré, Retrospektive. Das plastische Werk, S. 22.

5 Werkverzeichnis Aquarelle 1895 – 1.

6 Tagebücher Januar 1945 (Büderich), S. 297. – Foto dieser Werkbank und liebevolle Erinnerung von Ewald Mataré an sie in: Hans Scholz/Heinz Ohff, Vöglein singe mir was Schönes vor, Dokumente aus Kindertagen, Gütersloh 1965 S. 49.

7 Ewald Mataré., Tagebücher, a.a.O.

8 Nr. 02569 Josef Matare, Matrikelbuch 1884-1920 der Kunstakademie München, https://matrikel.adbk.de/matrikel/mb_1884-1920/jahr_1903/matrikel-02569

9 Ewald Mataré hat noch einen weiteren Bruder, Franz, geboren 1885, der eine Laufbahn im diplomatischen Dienst einschlägt.

10 Er hatte sich bereits für das Sommersemester eingeschrieben, ist aber dann aus der Studierendenliste mit dem Vermerk „nicht bezahlt" gestrichen worden; erst vom folgenden Wintersemester wird er – dann durchgängig – in den Listen als ordentlicher Student geführt, s. Valentina Vlasic, in: Die Berliner Jahre S. 63

11 Die lange Dauer des Studiums ist nicht durch den Ersten Weltkrieg zu erklären: Ewald Mataré ist zwar 1916 einberufen, aber nach nur drei Wochen „wieder als unbrauchbar" entlassen worden (Mataré Tagebücher, 13.14.1916, S. 18), der konkrete Grund ließ sich nicht ermitteln. Zuvor hatte er 1910 seinen allgemeinen Wehrdienst angetreten, von dem er bereits nach zwei Monaten befreit worden war, und zwar wegen „sehr guter Führung" (Sabine Maja Schilling, in: Retrospektive, Das plastische Werk, S. 24); aus dem vorstehend zitierten Tagebucheintrag von 1916 ergibt sich allerdings etwas anderes, auch insoweit sind die konkreten Gründe nicht bekannt. – Unter den durch den Krieg verursachten wirtschaftlich schwierigen Verhältnissen leidet er natürlich schon; so beklagt er die Einschränkung seiner Arbeitskraft durch die unzureichende Ernährung und eine daraus folgende Unterernährung (Mataré Tagebücher 10.11.17 S. 24, 15.10.18, S. 29).

12 Ewald Mataré und Karl Schmitz sind zeitlebens Freunde. Karl Schmitz (1881 in Malmedy geboren) wird auch zu einem der Förderer von Ewald Mataré, so durch die Erteilung und Vermittlung von Aufträgen, u.a. zu Beginn der 1920er Jahre in Kripp am Rhein (dazu Willy Weis/Hildegard Funk, in: Heimatjahrbuch Kreis Ahrweiler 2017 S. 141–145). – Zu den freundschaftlichen Beziehungen von Ewald Mataré und Karl Schmitz näher: Valentina Vlasic, in: Die Berliner Jahre S. 55–59, Werkverzeichnis Aquarelle, S. 104, 105. Für seinen Freund hat Ewald Mataré ein Exlibris gestaltet (WV Holzschnitte Nr. 103).

13 so u. a. 1916 Wismar (Mataré Tagebücher 18.5.16, S. 19), 1916 und 1917 Alt Gaarz, Mecklenburg (Mataré Tagebücher 10.6.16 S. 20.1.7. 1917,S. 23), 1918 Kolberger Deep, Kleinkuren (Mataré Tagebücher 30.5.1918, S. 27).

14 u.a. Mataré Tagebücher 14.3.1923 S. 57: „Dies Sich-aus-einer-Konzentration-Herausbringenlassen ist recht übel, und ich unterliege ihm sehr leicht. Niemals arbeite ich besser als abgeschlossen in meiner Einsamkeit, jedoch kann mich irgendein persönliches Erlebnis ganz aufs Trockene setzen."

15 Vollständige Zusammenstellung bei Vlasic, Berliner Jahre, S. 63 ff.

16 Vlasic, Berliner Jahre, S. 67.

17 Tagebücher 4.9.16: „Seit dem 1. Oktober Meisterschüler bei A. Kampf. Das hat nur eine äußere Bedeutung, insofern ich ganz ungestört nun arbeiten kann und Modellgeld habe."

18 Vlasic, Berliner Jahre S. 68.

19 „Von offizieller Seite aus [war] gewünscht, „die Staatskunst zu fördern, die die kaiserliche Ideologie in historischem und naturalistischem Gewand verkörpern soll. Lehrmeister sollen die Natur und die anerkannten Werke der Vergangenheit, besonders der Antike, sein. .... Gemalt werden Themen aus Religion, Mythologie und vaterländischer Geschichte. Man pflegt eine an der Antike orientierte monumentale, traditionalistische Kunst, ..." (Vlasic, a.a.O. S. 69). – Zu Anton von Werner: Ansprachen und Reden des Direktors A. von Werner an die Studierenden der Königlichen Akademischen Hochschule für die bildenden Künste zu Berlin, Berlin 1896; Dominik Bartmann, Anton von Werner. Zur Kunst und Kunstpolitik im Deutschen Kaiserreich, Berlin 1985.

20 Vlasic Berliner Jahre S. 68: „Matarés Lehrer an der Königlichen akademischen Hochschule in Berlin waren überwiegend ältere und etablierte Herrschaften. Kaum einer von ihnen war unter sechzig Jahren alt, als Mataré an der Hochschule lernte – dementsprechend tief verwurzelt war ihr Konservatismus und Akademiegehorsam."

21 So sind u.a. die Professoren Arthur von Kampf und Raffael Schuster-Soldan später in der Zeit des Nationalsozialismus aufgrund ihrer Arbeiten und ihrer Einstellung sehr anerkannt und erfolgreich (s. Ernst Klee, Kulturlexikon zum Dritten Reich, Frankfurt am Main 2009, S. 266, 502).

22 zum Ablauf des Studiums näher: Vlasic, Berliner Jahre, S. 63 f.

23 u.a. „Die Auferweckung des Jünglings von Nain", 1913; „Maria mit der Dornenkrone", 1913–1917; „Kreuzabnahme", 1914; „Totenklage", 1915; sechsteiliges Altarbild, 1916/1917 (Abbildungen u.a..in: Berliner Jahre).

24 s. Flemming, S.15: „Totenklage, die fast expressionistische Züge aufweist und etwas an den frühen Nolde erinnert", und: „Was danach noch an Malerei entstand – angefangen mit einem expressiv übersteigerten Gemälde „Die Frauen und der Tote" von 1920 –, spiegelt deutlich den inzwischen vollzogenen Strukturwandel, die neue tektonische Verfestigung und holzschnitthafte Härte, die auch Matarés Graphik kennzeichnet."

25 Mataré Tagebücher, 29. 11. 1916 S. 21: „Kampf sah gestern mit Entsetzen mein Bild „´Maria mit der Dornenkrone'".

26 S. de Werd, in: Sonja Mataré, Holzschnitte, Werkverzeichnis, S. 17. – Ewald Mataré führt mehrfach in seinen Tagebüchern Dürers berühmten Ausspruch an: „Denn wahrhaftig steckt die Kunst in der Natur, wer sie herausreißen kann, der hat sie", Mataré Tagebücher vom 15.7.1932, S. 195 und 25.6.1942, S. 260, 262 – was aber auch umgekehrt gelte: „Die Kunst muss in der Natur stecken, man muss sie hineinzwängen, bis beides eins wird", Mataré Tagebücher 25. 6. 1942, S. 262. S. 262.

27 Vlasic, Berliner Jahre S.72.

28 s.Vlasic, Berliner Jahre, S. 68 ff.

29 Das Atelier in der Hochschule wird er bis 1922 nutzen können (Mataré Tagebücher, 29.11.1922, S. 51).

Abwendung von der Ölmalerei

30 1919 erhält er erste private bildhauerische Aufträge, bei denen es sich zum größten Teil um Denkmäler der Gefallenen des Ersten Weltkrieges handelt: auch Aufträge von seinem Freund, dem Architekten Karl Schmitz (s.o. Anm. 12, auch andere Aufträge, Entwürfe für Ausmalungen u.ä.: „Die paar Aufträge halten mich kümmerlich über Wasser"(Mataré Tagebücher, 17.9.20, S. 32).

31 am 19. April 1922, Mataré Tagebücher 26 4.1921, S. 33/34, 9.5.1922, S. 36/37.

32 Mataré Tagebücher, 17.9.20, S. 31, 32.

33 Roland Mönig, Die Kunst aus der Natur herausreißen, in: Andrea Firmenich / Johannes Janssen, Ewald Mataré, Im Einklang mit der Natur, Köln 2011, S. 10: „Während eines Aufenthalts auf der Nordseeinsel Wangerooge im Sommer 1920 entdeckt er den Holzschnitt für sich – aus schierer Not, denn ihm fehlt das Geld für Leinwand und Farben, sodass er zu den am Strand angespülten Brettern und einem einfachen Messer greift, um überhaupt arbeiten zu können. ... Mit der Hinwendung zum Holzschnitt wird aus dem Maler, zu dem Ewald Mataré ausgebildet worden war, unversehens der Bildhauer ...".

Auch Valentina Vlasic, Berliner Jahre S. 65, bezeichnet den Aufenthalt auf Wangerooge als ein für Ewald Matarés Schaffen „wichtiges Schlüsselerlebnis", der Sommer an der Nordsee habe auf ihn „wie ein Erweckungserlebnis" gewirkt (a.a.O., S. 89), andererseits aber auch: Ab 1920 widmete er sich „allmählich einer neuen Richtung, der Arbeit im Holzschnitt und in der Skulptur (a.a.O., S. 88), was sich aber auch auf die weitere Entwicklung, auch in den Jahren 1921, 1922 und danach beziehen kann.

34 Mataré Tagebücher, 17.9.20, S. 31.

35 Flemming, S. 14: „Das selbstständige, relevante Werk setzt ganz plötzlich ein, scheinbar unvermittelt und gleichsam ex nihilo, tatsächlich nach einer grundlegenden Wandlung, die sich in der Zeit um 1920 vollzog."; Sabine Maja Schilling, Dissertation., S.77: „Durch die ... finanziellen Einschränkungen, die im rational-auslösenden Sinne Matarés endgültige Hinwendung zum Medium Holz bedingen, anfänglich zum Bereich des Holzschnitts und dann im nächsten Schritt zu plastischen Arbeiten, kann er sich nur leiten lassen, weil er von seiner inneren Einstellung her bereits darauf vorbereitet ist." – Ewald Mataré hatte dies auch schon selbst in einem gewissem Sinne angekündigt gehabt: Tagebücher vom 8.8.1918 S. 28: „Diesen Winter werde ich mit modellieren beginnen", wozu er dann aber wohl noch nicht gekommen ist.

36 Er beschäftigt sich intensiv mit dem Werk des Bildhauers Adolf von Hildebrand (1847–1921): „Das Problem der Form in der bildenden Kunst" (Straßburg, 1. Auflage 1893, weitere Auflagen), das ihn in seinen Überlegungen anregt, aber letztlich auch keine Lösung bringt, „sondern nur durch das Anrühren des Problems" für seine eigenen Formprobleme sensibilisiert (Mataré Tagebücher, Juli 1947, S. 341/342).

37 Mataré Tagebücher, 17.9.20 S. 31, 32: „Ich muss den Kampf gegen die Verkürzung in der Bildfläche aufnehmen, die Perspektive stört den fundamentalen Begriff der Fläche, der Kampf gilt der Vortäuschung."

38 Ewald Mataré auf der von ihm besprochenen Schallplatte zum Werkverzeichnis von Heinz Peters, 1957/1958, zitiert nach Schilling, Dissertation S. 78, und de Werd in: Sonja Mataré, Holzschnitte Werkverzeichnis, S. 17.

39 und in den Tagebüchern, 14.11.1926 Paris, S. 129/130: „ ... ging ich mehr den Problemen von 1921 nach, die Holzschnitte in Spiekeroog und 1920 in Wangerooge waren wieder der Anknüpfungspunkt. ... Wie lange quäle ich mich schon mit den plastischen Begriffen in der Malerei. Ich gehe durch eine Straße oder durch die Landschaft und sehe alles weit mehr plastisch als malerisch, und nie fand ich die Möglichkeit eines Ausdrucks, ich konnte doch einen Berg, den ich plastisch empfinde, nicht plastisch wiedergeben! Jetzt begreife ich, wie der Weg durch den „Kubismus" doch zu einer Ausdrucksmöglichkeit nach dieser Richtung hin führen kann."

40 so in Berlin der „Freien Sezession", Mataré Tagebücher, 27.2.16, S. 18.

41 u.a. Trier S. 23; auch Flemming S. 15: „1914 verließ er die Akademie, um zu Lovis Corinth zu gehen, dessen Malerei ihm aber zu „aufgelockert" erschien und offenbar seinem bereits latent vorhandenen tektonischem Empfinden widersprach."

42 Ewald Mataré hatte zu Lovis Corinth auch wohl ein eher gespaltenes Verständnis.. So notiert er in den Tagebüchern, 19.11.16, S. 20: „Eine Privatsammlung bei Cassirer mit Látk besucht. Schöne Corinths, ganz ungebändigt, aber frischer als fast alles andere um ihn her. Gottlob liegt sein Realismus hinter uns. ... Corinth ist ungleich auch im einzelnen Werk" und Mataré Tagebücher, 11.3.18, S. 26: „Corinths Kollektivausstellung zum 60. Geburtstag kalt gelassen. Keine Vertiefung. Alles äußerlich entstanden. Die Gegenständlichkeit ist sein Ausgangspunkt. Nicht für uns heute zu lernen. Trotz aller Würdigung seines Könnens fehlt ihm Malkultur."

43 Vlasic Berliner Jahre S. 76/77.

44 zur Novembergruppe näher: Helga Kliemann, Die Novembergruppe, Berlin 1919.

45 Mataré Tagebücher, 24.2.19, S. 30. – Ob Ewald Mataré formal Mitglied war, ggf. seit wann, und wie intensiv seine Beziehung zu der Gruppe war, ist unklar; er hat sich jedenfalls von 1923 bis 1931 an ihren Ausstellungen beteiligt (Auflistung bei Kliemann S. 51).

46 Ewald Mataré notiert später, Mataré Tagebücher 8.9.23, S. 68: „Die Bestrebungen dieser Schule sind äußerst sympathisch, und ich möchte zu gerne einmal hin, um es mir anzusehen. Der gute Grund-

gedanke, dort aus dem Material heraus zu arbeiten, die Stellung von Meister zum Gesellen sind ganz nach meines Facon …" Die Reise nach Weimar unternimmt er alsbald: Mataré Tagebücher 8.10.23, S. 70/71. Mit Mies van der Rohe wird er näher bekannt-

47 s. Flemming, S. 64. – Hanns Theodor Flemming (1915–2005) war Kunsthistoriker, Kunstkritiker und Autor mehrerer Monografien über Künstler.

48 Flemming a.a.O.S. 15. – ähnlich: Schilling, Dissertation . S 77.

49 Mataré Tagebücher, 17.9.20, S. 31.

50 Mataré Tagebücher, 5.9.23 S. 67 (zu Sylt).

Der Sommer 1920 auf Wangerooge: zum Holzschnitt

51 Mataré Tagebücher 8.6.1953, S. 400.

52 Vlasic, Berliner Jahre S. 64–66, Werkverzeichnis Aquarelle S. 107/108.

53 Mataré Tagebücher, 28.6.1948, S. 357.

54 Mataré Tagebücher, 1952, S. 388, 390.

55 Geburtsurkunde (früheres) Standesamt Söllichau, Hauptregister Nr. 1 vom 7. Januar 1887.

56 Matrikel Nr. 03896, (https://matrikel.adbk.de/matrikel.mb_1884-1920/jahr_1910/matrikel 03896). In dieser Matrikel ist als Geburtsort Kurzlipsdorf/Preußen angegeben; dies wird daràuf beruhen, dass der Vater von Georg Làtk Pastor war und in dessen Geburtsjahr 1887 seine Pfarrstelle von Söllichau nach Kurzlipsdorf gewechselt hat (Mitteilung des sächsischen Staatsarchivs vom 15. 3. 2022 an den Autor).

57 Mataré Tagebücher, 24.8.1922, S. 41.

58 Auskunft vom 17. 2. 2020: ein Porträt und das bei Vlasic, Berliner Jahre S. 66 abgebildete Selbstporträt.

59 s. Schilling, Dissertation, S. 17: „1920 Für den Sommer erhalten er und sein Studienkollege Georg Làtk (1887–1937) eine Einladung des Architekten Hans Franzius (1874– 1984) aus Düsseldorf auf die Insel Wangerooge.", dazu dortige Anmerkung 48: „Angaben einem Brief des Sohnes Walter Franzius vom 2. April 1986 an die Autorin entnommen," keine weiteren Angaben.

60 Ewald Mataré hat u.a. ein Zimmer eines von Franzius entworfenen Hauses mit Kacheln ausgestaltet und wohl auch zeitweise im Zusammenhang mit diesen Arbeiten bei ihm gewohnt (s. im Internet: Die Ausstellung Schaffendes Volk 1937, Architekten, Franzius, Hans August Georg, nach mündlicher Auskunft Sohn Uwe Franzius), aber das wird wohl erst nach dem Aufenthalt von Ewald Mataré auf Wangerooge gewesen sein; zu diesen Kachelarbeiten für Hans Franzius auch: Tagebücher 3.7.25 S. 106. – Mataré hat für Hans Franzius auch Exlibris gestaltet, 1921, s. Sonja Mataré, Ewald Mataré Holzschnitte Werkverzeichnis Nr. 87 – 92. Franzius wird wohl auch weitere Arbeiten von Ewald Mataré erworben oder in Auftrag gegeben haben, haben, Näheres ist aber nicht zu ermitteln.

61 Mataré Tagebücher, 17.9.20, S. 31.

62 Hans-Jürgen Jürgens, Autor einer mehrbändigen Chronik zur Geschichte von Wangerooge, Schreiben vom 8.1.2020. – In dieser Baracke wurde 1921 die erste Jugendherberge auf Wangerooge eingerichtet, 1932 ist sie bei einem Brand zerstört worden (s. Hans-Jürgen Jürgens, Wangerooger Chronik 1920–1938, Wangerooge 2019, S. 26, 235).

63 s.o. S. 10.

64 Schilling Dissertation, S. 17; Mataré Tagebücher 26.4.1921 S. 32. – Bereits 1921 malt Ewald Mataré eine Diele im Haus der Eheleute Senff in Oberkassel aus (Mataré Tagebücher a.a.O.); 1921 erwirbt

Dr. Senff das große Altarbild von 1916/1917 [s.o. S. 7] und schenkt es der Düsseldorfer Kunsthalle, Mataré Tagebücher, 16.8.21, S. 35). Aus dem Jahr 1921 stammen wohl auch drei Exlibris (Werkverzeichnis Holzschnitte Nr. 105–107).

65 Von Dr. Scholz fertigt er auf Wangerooge Porträt-Holzschnitte an (Werkverzeichnis Holzschnitte Nr. 18, 19, 20, 21 a, 21 b, 22).

66 Gespräch zwischen Sonja Mataré und Sabine Maja Schilling, in: Die Berliner Jahre, S. 145/146. – Ein Gespräch des Autors mit Sonja Mataré ist durch die Corona-Einschränkungen verhindert worden, s.o. Anmerkung 2.

67 Standesamt Bocholt Geburtsurkunde Nr. 20/1891 vom 5. Februar 1891. – Vollständiger Name: Johanna Wilhelmine.

68 Im Gästeverzeichnis der Insel Spiekeroog 1921 ist ihr Wohnort, sicher auf Grund ihrer Angabe, mit „Dortmund" angegeben, s.u. Anm. 138).

69 Nach der Eheschließung 1922 wird sie in Berlin ihren Gesangsunterricht fortsetzen; Ewald Mataré schätzt ihren Gesang und begrüßt die Fortschritte ihrer Ausbildung (Mataré Tagebücher, 8.2.23, S. 56, 57; 16.7.23, S. 62, 63). Eine künstlerische Laufbahn als Sängerin hat sie aber offensichtlich nicht begonnen oder auch nicht mehr beginnen können.

70 Mataré Tagebücher, 18.1.1920, S. 31. – Abbildung Berliner Jahre S.30/31.

71 Vlasic, Berliner Jahre S. 83 ff.

72 Mataré Tagebücher 12.6.21 S. 34; 27.8.21 S. 35. – Abbildung Berliner Jahre S. 34.

73 s. Vlasic Berliner Jahre S. 85. Ewald Mataré hält in seinen Tagebüchern fest: „... diese ganze Bildermalerei hat doch heute gänzlich ihren Wert oder ihre Berechtigung verloren" und fügt, wohl auf die allgemeine katastrophale wirtschaftliche Lage hinweisend, hinzu: „Sie ist schon aus dem Grunde nicht mehr notwendig, weil wir in unsere Räume gar keine Bilder mehr hängen können" (Mataré Tagebücher, 20.10.23, S. 73/74).

74 u.a. Mataré Tagebücher 28 11.25, S. 120; 1.12.1925, S. 122 („ich glaube, ich bin bald so weit, dass ich malen und bildhauern zu gleicher Zeit kann"); 12.6.1928, S.152; 14.8.33, S. 202).

75 Aquarelle hat Ewald Mataré dagegen auch weiterhin gemalt, aber wohl mehr gelegentlich, in seinen letzten Lebensjahren nicht mehr. Er hat sie weitgehend für sich behalten, selten gezeigt, nur ganz wenige verkauft; sie waren für ihn wohl mehr ein „privater Schatz" (Vlasic, Berliner Jahre, S. 86), den er „liebevoll wie einen Gral" hütet (de Werd, Ewald Mataré Werkverzeichnis der Aquarelle, S. 13). Neben seinem bildhauerischem Werk hat er sie wohl insgesamt als weniger bedeutend gewertet, er hat sie einmal als „Wagen an der Seite" bezeichnet (Mataré Tagebücher, 24.12.25, S. 123). Er hat sie – fast ausschließlich Landschaften, also thematisch leichterer Art – wohl auch künstlerisch nicht so hoch eingeschätzt; die Aquarelle seien „ Bericht[e] der Landschaft ... sie zu einem Kunstwerk umzuformen, dazu bin ich fast nie gekommen" (zitiert bei Anna Klapheck, Die Aquarelle von Ewald Mataré, in: Ewald Mataré Aquarelle 1920–1956, S. 9; auch bei de Werd, a.a.O. S. 23, die dort angegebene Fundstelle trifft aber nicht zu).

76 Mataré Tagebücher, 17 9.20, S. 31.

77 Ewald Mataré schildert selbst den Vorgang später so (bei Guido de Werd, Dem Holzschnitt verschrieben, in: Sonja Mataré. Holzschnitte Werkverzeichnis 1990, S. 11): Als ihn 1920 erstmals auf den Strand in Wangerooge Fundhölzer faszinierten, habe er das Verlangen gespürt, „jetzt schneide doch mal hier hinein und mach hier ein schönes Schwarz-Weiß ... Und die [Hölzer] packte ich mir unter den Arm, ich nahm meinen Leibriemen, schnürte sie zusammen und stieg über die Dünen und stieg in mein leerstehendes Lehrerhaus und fing an zu schnitzen., eben in Holz und auf einmal war mir das so, als ob ich das schon Jahre getan hatte" [de Werd fügt an: Mataré 1958, gemeint ist

damit die von Mataré besprochene Schallplatte in Band 2 Peters Werkverzeichnis Graphik 1958/9]. In dem „leerstehenden Lehrerhaus" hat Mataré allerdings erst 1921 auf Spiekeroog gelebt, hier kann er sich in seiner Erinnerung getäuscht haben; die Schilderung bezieht sich aber auf Holzschnitte („Schwarz-Weiss)", und wohl auch auf den Beginn der Arbeit an Holzschnitten, also eben auf Wangerooge.

78 Sonja Mataré, Werkverzeichnis Holzschnitte, Nr. 1 und 2.

79 Peters, Das graphische Werk, Werkverzeichnis Band I S. 20: Nr. 1 – 3.

80 Werkverzeichnis Sonja Mataré Nr. 3.

81 Schilling, Dissertation, S. 249.

82 Werkverzeichnis Peters a.a.O. Nr. 1 („Selbstporträt") = Nr. 3 Werkverzeichnis Sonja Mataré: 1920 Wangerooge; Peters Nr. 2 („Tulpen") = Sonja Mataré Nr. 66: 1920/1921 Berlin; Peters Nr. 3 („Gänse am Wasser") = Sonja Mataré Nr. 201: 1929 Toila/Estland.

83 zum Studium von Ewald Mataré eingehend Valentina Vlasic, Berliner Jahre, S. 70 ff.

84 An der Hochschule gab es zwar eine Radierklasse, aber keine besondere Klasse für Holzschnitt; gelegentlich war aber auch ein Holzschnittlehrer (Xylograph) im Lehrkörper, so Albert Vogel (1814–1886, ab 1877 Professor an der Königlichen Akademie der Künste, s. Ansprachen und Reden des Direktors A. von Werner [s.o. Anm. 19] S. 209/210.

85 Guido de Werd, in: Somja Mataré, Werkverzeichnis Holzschnitte, S. 11; Roland Mönig, Die Natur aus der Kunst herausreißen, in Firmenich/Janssen, Im Einklang mit der Natur, S. 10.

86 Mataré Tagebücher, 17.9.20, S. 31.

87 Vlasic, Berliner Jahre S 89: „Mataré war begeistert vom Material und vom primitiven Vorgehen. Plötzlich bestand seine Kunst nicht mehr aus dem Applizieren von Farbe, sonders aus dem Definieren der Form über den Druck des Materials, der ihn zum bedächtigen Vorgehen zwang. Seine Werke aus dem Verhältnis zur Natur zu schaffen, aus dem direkten Umgang mit dem Material, entsprach seinem Denken so viel mehr als das Aufbringen von feuchter Farbe mit einem Pinsel auf trockenem Grund."

88 Von diesen Holzschnitten sind 63 erhalten bzw. bekannt, Werkverzeichnis Nr. 3–65 (66?).

89 Werkverzeichnis Holzschnitte Nr. 7.

90 Werkverzeichnis Holzschnitte 18 – 20, 21, 22: Bildnisse Dr. Scholz.

91 Werkverzeichnis Holzschnitte S. 11.

92 Flemming, S. 16, 60; Vlasic, Berliner Jahre, S. 89.

93 de Werd, Werkverzeichnis Holzschnitte, S. 11. – auch Flemming S. 61.

94 Flemming S. 61; de Werd, Werkverzeichnis Holzschnitte S. 12.

95 Flemming, S. 16; de Werd, in: Sonja Mataré, Holzschnitte, S. 11; ders. In : Vlasic, Werkverzeichnis Aquarelle S. 17: „Aus diesen frühen Holzschnitten spricht der Geist des Expressionismus"; Schilling, Dissertation, S. 78, auch unter Bezugnahme auf Peters, Werkverzeichnis Graphik Band I S. 21–22.

96 Mataré Tagebücher, 17.9.20. S. 31: „Zur Klärung der Form Holzschnitt besonders gut."

97 s.o. S. 12.

98 Flemming S. 15.

99 Sabine Schilling, Dissertation, S. 79.

100 Flemming, S. 15.

101 Flemming, S. 15: Ewald Mataré habe damals, also in seiner bisherigen Malerei, „Gemälde [geschaffen], die niemand für Werke seiner Hand halten würde, der dies nicht wüsste", der also nur sein späteres Werk, seine Holzschnitte und seine plastischen Arbeiten kennen würde.

102 so notiert er später in seinen Tagebüchern, 27.6.22, S. 38: „Ich rücke daher auch ganz langsam von der eigentlichen Malerei ab, ich will das ‚mehr machen', was ich schaffe, mit den Händen formen."

103 Mataré Tagebücher 16.10.1953 S. 405 zu einer großen Ausstellung im Hamburger Museum für Kunst und Gewerbe: „Es ist eine umfangreiche Ausstellung aus allen Schaffenszeiten, also seit 1920." Also keine Bezugnahme auf die „Vorzeit", also auf seine Ölmalerei! – Diese Malerei ist „für sein wesentliches Schaffen unwesentlich und in erster Linie von biographischem Interesse" (Flemming, S. 15).

104 Werkverzeichnis Holzschnitte Nr. 25–42 (Serie „Dünen am Meer)", dazu de Werd, in: Sonja Mataré, Holzschnitte, S. 17/18: „Die Landschaft wird in ein kubistisches Gefüge umgesetzt". – Flemming S. 39 war der Ansicht, dass Ewald Mataré den Kubismus „nur flüchtig streifte", während Trier S. 22 die Auffassung vertrat, dass Matarés „Beschäftigung mit den Kompositionsprinzipien des Kubismus ... keineswegs beiläufiger Art war, sondern noch lange Zeit nachgewirkt hat." Ewald Mataré selbst (Tagebücher 14.11.1926, S. 129/130) spricht von einem „Weg durch den Kubismus": „... Jetzt begreife ich, wie der Weg durch den ‚Kubismus' doch zu einer Ausdrucksmöglichkeit nach dieser Richtung [gemeint: die plastische Gestaltung in der Malerei, also in einer Darstellungsfläche, also auch beim Holzschnitt] führen kann.

105 s. de Werd, in: Sonja Mataré, Holzschnitte, Werkverzeichnis Holzschnitte S. 16.

106 de Werd, a.a.O., S. 16.

107 Schilling, Dissertation, S. 78.

108 s. de Werd, a.a.O., S. 15/16.

109 Peters, Band I, S. 22/23: „Er legt in wenigen Monaten des Schaffens auf Wangerooge einen Weg zurück, den die führenden Maler seiner Generation schon seit Jahren verfolgen. Es scheint, als wolle der junge Holzschneider aufholen, den Anschluss an eine Gestaltungsweise gewinnen, von der er dann prüfen muss, ob sie auch die ihm angemessene sein kann."

110 Mataré Tagebücher, 17.9.20, S. 32/32: „Zur Klärung des Form Holzschnitte besonders gut, machte über 100 und komme wie ein anderer nach Hause."

111 Mataré Tagebücher, 26. April 1921, S. 32, 33: „In der Kestner-Gesellschft in Hannover zeige ich Holzschnitte vom vergangenen Jahr."

112 de Werd, in Sonja Mataré, Holzschnitte, Werkverzeichnis, S. 20: An seine Freundin Hanna Hasenbäumer berichtete er triumphierend [von dieser Ausstellung]: „von meinen Holzschnitten fand dein Kopf (mit dem Meeresleuchten) überaus starken Beifall und schlug alle anderen Arbeiten. Jetzt werde aber stolz!" (Berlin, 24.2.1921). – Um welchen Holzschnitt es sich gehandelt hat, ist dem Werkverzeichnis nicht sicher zu entnehmen.

113 Mataré Tagebücher, 18.1.1918, S. 26.

Der Sommer 1921 auf Spiekeroog: Holzschnitt

114 Mataré Tagebücher, 26.4.1921 S. 32.

115 Mataré Tagebücher 7.9 21, S. 36 und 14.9.21, S. 36.

116 s.o. Anmerkung 62.

117 Mataré Tagebücher, 26. April 1921 S. 32.

118 Mataré Tagebücher, 26. April 1921 S. 33.

119 Mataré Tagebücher, 23.8.21, S. 35.

120 Mataré Tagebücher, 14.5.21 S. 34.

121 Mataré Tagebücher, 14 5.21, S. 34.
122 Mataré Tagebücher, 7.9.21, S. 36.
123 Mataré Tagebücher, 14 5.21 S. 34; 7.9.21 S. 36.
124 Mataré Tagebücher, 7 9.21, S. 36: „Ich habe meine Einsamkeit hier recht genutzt, ich empfand so wohltuend die Ferne der Stadt, in der alles dem Chaotischen entgegenschreitet."
125 Mataré Tagebücher, 12.6.21, S. 34: „Maler Freytag wollte mich hier besuchen – ich habe abgewunken, ich will niemanden sehen! Diese Reinigungsaktion muss ich gründlich betreiben, da nur Einsamkeit das beste Mittel."
126 Mataré Tagebücher, 26. April 1921, S. 32, 33.
127 Mataré Tagebücher 26. April 1921, S. 32, 33.
128 Mataré Tagebücher, 8.7.1923 S. 62: „Mit Schaudern denke ich an das Jahr 1921 und Anfang 1922, wie nahe war ich dem Selbstmord in Spiekeroog, es war mir dort zeitweise, als ob ich mit einer Axt in zwei Teile zerhauen sei, dass ich dort gearbeitet habe, und so viel ist mir heute unverständlich, jetzt, wo ich die überaus scheußliche Situation klar überblicke."
129 Mataré Tagebücher, 8.4.1922, S. 149. – Dieses Ereignis könnte sich zwar auch auf der Anreise nach Spiekeroog im folgenden Jahr zugetragen haben, aber der generelle Stimmungszustand von Ewald Mataré war 1922 ein völlig anderer, wie die sehr ausführlichen Eintragungen dieses Jahres zeigen.
130 Mataré Tagebücher, 14.5.21, S. 34.
131 Mataré Tagebücher, 12.6.21, S. 34.
132 Mataré Tagebücher, 11.8.21, S. 35.
133 Mataré Tagebücher, 27.8.21, S. 35.
134 Mataré Tagebücher, 12.6.21, S. 34: „Kunst heißt doch, Ordnung ins Chaos bringen!"
135 Mataré Tagebücher, 29.8.21, S. 35.
136 Mataré Tagebücher, 18.7.21, S.35.
137 Ihr Name ist in der Liste fälschlich mit „Hafenbäumer, Hanna, Dortmund" angegeben.
138 Dass Ewald Mataré in der „Stranddistel" nicht aufgeführt ist, beruht schon darauf, dass das Blatt nur in der Hauptsaison (unregelmäßig) erschienen ist, Nr. 1 daher erst am 15. 7. 1921; zu dieser Zeit war Ewald Mataré schon drei Monate auf der Insel. Eine anderweitige – etwa behördliche – Aufzeichnung seines Aufenthalts auf der Insel lässt sich nicht mehr feststellen.
139 s.u. S. [19?]
140 Mataré Tagebücher, 18.7.21, S. 35.
141 Mataré Tagebücher, 1. 7. 21, S. 35.
142 Mataré Tagebücher, 12.6.21, S. 34: „Gottlob fleißig, zum Übermaß Selbstporträts gezeichnet."
143 s. auch oben S. 16/17 [Stichwort. „klagende Frauen"]
144 Mataré Tagebücher, 1. 7. 21, S. 34/35.
145 Mataré Tagebücher, 29.8.21, S. 35: „Mit gutem Erfolg an dem Bild ‚Selbstporträt mit der Stranddistel' gemalt. Ich verspüre die Wirkung des Holzschnitts."
146 Werkverzeichnis Holzschnitte Nr. 67–86.
147 de Wird, in: Sonja Mataré, Holzschnitte Werkverzeichnis, S. 16: „Die aus der Kenntnis der Graphik seiner Zeit übernommene Dominanz der Schraffur zur Andeutung räumlicher Tiefe wird schon bald zugunsten der für Matarés Holzschnittwerk charakteristischen Arbeit mit Flächen aufgegeben. Dies zeigen die Mädchenporträts von 1921 (Nrn 75–80). Das Doppelporträt E. und H. (Ewald Mataré und seine spätere Frau Hanna [Werkverzeichnis Nr. 76]) besteht ganz aus geometrischen Flächen: Kreisen, Segmenten, Ovalen, Dreiecken und Rechtecken."
148 Mataré, Tagebücher, 27.8.21, S. 35.

149 Mataré Tagebücher, 8.2.1922, S. 36. – Das Lehrerhaus, von dem Ewald Mataré spricht, existiert heute nicht mehr, das Gelände ist inzwischen anderweitig bebaut (fernmündliche Auskunft des Leiters des Inselmuseums Spiekeroog Mader).

150 Mataré Tagebücher, 27.6.22, S. 38, 39.

151 Mararé Tagebücher, 27.8.21, S. 35. – Die Gemeinde Spiekeroog hat keinerlei Unterlagen zu Ewald Mataré (Auskunft vom 21.1.2020). Sie hatte auch kein eigenes Bauamt. Das zuständige Bauamt war beim Landkreis Wittmund; möglicherweise dort geführte Bauakten sind 1960 vernichtet worden, sie wurden nicht archiviert (Auskunft vom 5.3.2020), auch nicht beim Niedersächsischen Landesarchiv Standort Aurich (Auskunft vom 24.1.2020).

152 Mataré Tagebücher, 9. Mai 1922, S. 36 (Dienstag): „Vorigen Freitag bin ich hier angekommen", Tagebücher 29.9.1922, S. 38 (Freitag): „Vorigen Freitag bin ich von Spiekeroog zurückgekommen". – Er war aber zwischenzeitlich auch in Berlin, wegen von Dr. Senff in Auftrag gegebener Glasfenster (Tagebücher, 7.7.22, S. 39).

153 Mataré Tagebücher, 7.7. 22, S. 39.

154 Mataré Tagebücher, 11.9.22, S. 44, 45

Der Sommer 1922 auf Spiekeroog: die Holzplastik

155 Mataré Tagebücher, 9.9.22, S. 44.

156 Mataré Tagebücher, 27.6.22, S. 38, 39.

157 Nr. 1 vom 5.7.1922: „Hanna Hasenbäumer Charlottenburg." Sie ist inzwischen also nach Berlin umgezogen.

158 In seiner Erzählung „Neben der Arbeit", die wohl auf Spiekeroog spielt, teilt Ewald Mataré auch mit, dass er im Hause des Lehrers (der ja auch Kurgäste aufnimmt, wie Hanna Hasenbäumer) „ständig zu Abend speise".

159 Mataré Tagebücher, 22.8.22, S. 41.

160 Mataré Tagebücher, 17. 8.22, S. 40.

161 Mataré Tagebücher, 27.6.22, S. 38, 39.

162 Stranddistel Nr. 8 vom 6.9.1922.

163 Mataré Tagebücher, 17.8.22, S. 41.

164 Mataré Tagebücher, 9.5.22, S. 36. – Die dann folgenden Ausführungen beziehen sich wohl auf das vergangene Jahr: „Meine derzeitige Stimmung stand sicherlich mehr unter einer allgemeinen Depression, mein Nervensystem war weit mehr zerrüttet und die Reise hierher glich mehr einer Flucht in die Einsamkeit als dem Gedanken, die Schönheit der freien Natur gegenüber der Stadt zu genießen." Das „derzeitig" ist nach dem Sinnzusammenhang wohl im Sinne von „früher, damalig" gemeint, so die veraltete Bedeutung dieses Wortes (s. Duden, Die deutsche Rechtschreibung, 28. Aufl. 2020).

165 Mataré Tagebücher, 9.5.1922, S. 36/37, gemeint ist wohl der inzwischen eingetretene Tod des lange Zeit dementen Vaters.

166 Mataré Tagebücher, Januar 1945, S. 297.

167 Mataré Tagebücher 27.6. 22´, S. 38; Januar 1945 S. 297-

168 bei Flemming, S. 71, 74

169 Schilling, Werkverzeichnis Plastiken, S. 27.

170 Vlasic, Berliner Jahre, S. 89: „Vom Holzschnitt war für ihn der Weg zur Skulptur nicht weit" und

S. 90: „Vom Holzschnitt fand Mataré nahtlos zur Skulptur". So sieht es auch Schilling, Dissertation, S. 78: „Der Weg vom Holzschnitt zur plastischen Schnitzerei im Jahr 1922 bedeutet für Mataré keine großartige Umstellung. Der Werkstoff bleibt derselbe und der dreidimensionale, in die Tiefe des Materials vordringende Schaffensprozess, der im Holzschnitt bereits erprobt ist, wird nur intensiviert."

171 So erinnert sich Ewald Mataré selbst später, dass er im Sommer 1922 auf Spiekeroog erstmals mit plastischen Arbeiten in Holz begonnen habe, weil ihn die Beschäftigung mit dem Holzschnitt in den Vorjahren „... wieder mit dem Holz in nahe Berührung gebracht hatte ..." (Tagebücher Januar 1945 S. 297), er so also das Holz als generelles künstlerisches Medium für sich erkannt hatte.

172 Ein logischer „Zwischenschritt" zwischen Holzschnitt und Vollplastik wäre das Holzrelief gewesen: Zu Holzreliefs kommt Ewald Mataré aber erstmals 1923 (s. Schilling, Werkverzeichnis Plastik Nr. 13, 16 – 18).

173 Schilling, Werkverzeichnis Plastiken Nr. 4. – Nach 1928 verändert Ewald Mataré die ursprüngliche Vollfigur (s. WV Nr. 4a, erhaltene Porzellanfassung) zu einem Torso (Wv. Nr. 4), dazu Schilling, Dissertation, S. 116,117.

174 Schilling, Werkverzeichnis Plastiken, Nr. 5.

175 Mataré Tagebücher, 27.6.22, S. 38: „Mehr als sieben Wochen bin ich jetzt hier ... Ich wünschte, mich länger mit einer Arbeit zu befassen, und tatsächlich habe ich fast ununterbrochen, die ganze Zeit über, an diesen beiden Arbeiten zugebracht, ..."

176 Mataré Tagebücher, 13 9.22, S. 45/46.

177 Werkverzeichnis Nr. 6, 9 und 10 (1923 überarbeitet).

178 Schilling, Werkverzeichnis Plastiken Nr. 8, keine Abbildung). – Schnitzmalerei, so Ewald Mataré Tagebücher 13.9. 22 S. 45/46, ist „keine bemalte Plastik, sondern ein Mittelding zwischen Malerei und Plastik. Aus beiden Ausdrucksarten ein Gemisch. Während ich durch Schnitzen, hoch oder tief und weiche Übergänge, der Arbeit Form gebe, unterstütze, hebe hervor oder markiere [ich] erst durch die Farbe wieder an anderen Stellen. Ich sehe in diesen Arbeiten, die ich nur nebenbei mache, keinen großen Ausdruck ..."

179 Schilling, Dissertation, S. 206 zur grundsätzlichen Arbeitsweise von Ewald Mataré.

180 Schilling, Dissertation, S. 124: „Ohne Naturvorbild wäre Ewald Mataré ein Arbeiten nicht möglich gewesen."

181 Schilling, Dissertation, S. 199.

182 Die ersten Kuh-Plastiken entstehen 1923, s. Schilling, Werkverzeichnis Plastiken Nr. 15.

183 Flemming, S. 14.

184 Schilling, Dissertation, S. 143.

185 Flemming, S. 10.

186 Flemming, S. 10.

187 Schilling Dissertation, S. 127.

188 Schilling Dissertation, S. 219.

189 s. Ewald Mataré, Ein Wort über Plastik, 1928 (u.a. bei Flemming S. 74).

190 Mataré Tagebücher, 13.9.22, S. 45, 46; 18 9. 2, S. 48, 49.

191 Werkverzeichnis Aquarelle 1922 Nr. 1–6.

192 Mataré Tagebücher, 11.9.22, S. 44, 49. Im Werkverzeichnis ist für 1922 ein Selbstporträt nicht aufgeführt, es ist wohl nicht feststellbar.

193 Mataré Tagebücher, 2.8. 22, S. 40.

194 Mataré Tagebücher, 9.9.22 S. 44.

195 Mataré Tagebücher, 8. 1. 26, S. 124.
196 Mataré Tagebücher, 8.1.26, S. 124.
197 Mataré Tagebücher, 23.7.1938, S. 237, 238.
198 Mataré Tagebücher, 1. Juni 1942, S. 255.

Literaturverzeichnis

1. Texte von Ewald Mataré

Ein Wort über Plastik, Zeitschrift „Kunst der Zeit“, Sonderheft Zehn Jahre Novembergruppe, 1928 (bei Flemming S. 74)

Meine liebe kleine Werkbank, in: Scholz, Hans/Ohff, Heinz, Vöglein singe mir was Schönes vor, Gütersloh 1965, S. 49

Neben der Arbeit, Erzählung, in: Das Kunstblatt, hrsg. von Paul Westheim, Potsdam/Berlin, 13. Jahrgang 1929, S. 367–370 (bei Flemming S. 71–74). – „Neben der Arbeit“ sollte eine Serie werden, es ist aber nur noch eine zweite Erzählung 1931 entstanden:

Neben der Arbeit 1931 „Onkel Heyo“, in: Das Kunstblatt, Herausgeber Paul Westheim, Potsdam/Berlin, 15. Jahrgang 1931, S. 1–5

Tagebücher, ausgewählt und herausgegeben von Hanna Mataré und Franz Müller, Köln 1973

Tagebücher 1915 bis 1965, herausgegeben von Sonja Mataré und Sabine Maja Schilling, Köln 1997

2. Literatur zu Ewald Mataré

Firmenich, Andrea / Janssen, Johannes (Hrsg.), Ewald Mataré Im Einklang mit der Natur, anlässlich der Ausstellung „Im Einklang mit der Natur. Franz Marc, Joseph Beuvs, Ewald Mataré“, Bad Homburg 9.12.2011–12.2.2012, Köln 2011, [darin S. 9–15: Mönig, Roland, Die Kunst aus der Natur herausreißen, Hinweise zu Ewald Mataré]

Flemming, Hanns Theodor, Ewald Mataré, München 1955

Freundeskreis Museum Kurhaus und Koekkoek-Haus Kleve e.V. (Hrsg.), Ewald Mataré, Die Berliner Jahre 1907-32, Köln 2015 [darin S. 53–98: Valentina Vlasic, Die Berliner Jahre]

Ganter, Herbert, Begegnungen mit Ewald Mataré, Freundeskreis Museum Kurhaus und Koekkoek-Haus Kleve e.V. (Hrsg.), Kleve 1996

Klapheck, Anna, Ewald Mataré Aquarelle 1920–1965, mit einem Werkverzeichnis von Ulrike Köcke, München 1983

Kölnischer Kunstverein, Ausstellungskatalog, Ewald Mataré, Retrospektive Das plastische Werk, mit Beiträgen von Hans und Franz Joseph van der Grinten, Sabine Maja Schilling und Karl Josef Bollenbeck, Köln 1987

Mataré, Sonja, in Zusammenarbeit mit de Werd, Guido, Ewald Mataré Holzschnitte, Werkverzeichnis, Kleve 1990

Mataré, Sonja, Erinnerungen, aufgezeichnet von Irmgard Faber-Asselborn, Freundeskreis Museum Kurhaus und Koekkoek-Haus Kleve e.V. (Hrsg.), Köln 2015

Peters, Heinz, Ewald Mataré Das graphische Werk, Köln 1957 (Band I)

Peters, Heinz, Ewald Mataré Das graphische Werk, Band II, Köln 1958

Schilling, Sabine Maja, Ewald Mataré, Das freie bildhauerische Werk, eine Einordnung in die zeitgenössische Plastik, Dissertation Universität zu Köln, Köln 1989

Schilling, Sabine Maja, Ewald Mataré, Das plastische Werk, Werkverzeichnis, 2., komplett überarbeitete Auflage, Köln 1994

Trier, Eduard, Ewald Mataré, 2. Auflage, Recklinghausen 1958

Vlasic, Valentina, Ewald Mataré Werkverzeichnis der Aquarelle, unter Mithilfe von Sonja Mataré und Guido de Werd, auf Basis des Werkverzeichnisses der Aquarelle von Ukrike Köcke 1983, Köln 2015

3. zitierte Werkverzeichnisse

Aquarelle (WV A): Vlasic, Valentina, Ewald Mataré Werkverzeichnis der Aquarelle, unter Mithilfe von Sonja Mataré und Guido de Werd, auf Basis des Werkverzeichnisses der Aquarelle von Ukrike Köcke 1983, Köln 2015

Holzschnitte (WV H): Mataré, Sonja, in Zusammenarbeit mit de Werd, Guido, Ewald Mataré Holzschnitte, Werkverzeichnis, Kleve 1990

Plastiken (WV P): Schilling, Sabine Maja, Ewald Mataré, Das plastische Werk, Werkverzeichnis, 2., komplett überarbeitete Auflage, Köln 1994

4. Weitere benutzte Literatur ist in den Anmerkungen angegeben.

Bildnachweis/Bildrechte

Fotos zu allen Abbildungen: Museum Kurhaus Kleve

Dank

Mein Dank gilt zunächst dem Museum Kurhaus Kleve, das sich in besonderem Maße mit Leben und Werk von Ewald Mataré befasst: Frau Valentina Vlasic M.A. und Frau Annemarie Gareis M.A, für die freundliche Unterstützung meiner Arbeit, insbesondere für die großzügige Überlassung der Fotografien zu sämtlichen in das Buch aufgenommenen Abbildungen.

Herrn Dr. Heiko Suhr, Leiter der Bibliothek des Ostfriesischen Landschaft Aurich, danke ich für die sorgfältige Durchsicht des Manuskripts.

Und dem Isensee Verlag Oldenburg und seinem Inhaber, Herrn Florian Isensee, danke ich wieder für die Aufnahme des Buches in sein Verlagsprogramm, ganz besonders auch Frau Iris Dahlke für die Gestaltung des Layouts.

Aurich, im November 2023 Walter Baumfalk